项目资助

教育部人文社会科学研究“风险传播与受众风险感知互动研究”（15YJC860046）项目资助

风险传播与受众分层论

Risk Communication and Audience Stratification

朱田凤 著

中国社会科学出版社

图书在版编目（CIP）数据

风险传播与受众分层论／朱田凤著．—北京：中国社会科学出版社，2023.8

ISBN 978－7－5227－2237－5

Ⅰ．①风…　Ⅱ．①朱…　Ⅲ．①传播学—社会心理学—研究　Ⅳ．①G206②C912.6

中国国家版本馆 CIP 数据核字(2023)第 130089 号

出 版 人　赵剑英
责任编辑　赵　丽
责任校对　王　龙
责任印制　王　超

出　　版　中国社会科学出版社
社　　址　北京鼓楼西大街甲 158 号
邮　　编　100720
网　　址　http://www.csspw.cn
发 行 部　010－84083685
门 市 部　010－84029450
经　　销　新华书店及其他书店

印　　刷　北京明恒达印务有限公司
装　　订　廊坊市广阳区广增装订厂
版　　次　2023 年 8 月第 1 版
印　　次　2023 年 8 月第 1 次印刷

开　　本　710×1000　1/16
印　　张　13.25
插　　页　2
字　　数　211 千字
定　　价　69.00 元

凡购买中国社会科学出版社图书，如有质量问题请与本社营销中心联系调换
电话:010－84083683

序

受作者之嘱，我欣然作序。朱田凤打磨多年的作品将要面世，作为这部论著的“陪跑者”，我由衷高兴。掩卷回想 8 年前作者的起心动念，正如朱田凤在文中所写，“‘风险传播与受众分层论’最原始的初衷是对风险传播场域中的‘人’——即受众给予重要的、全面的和深度的关怀”“赋予风险景观中的‘人’以应有的学术关怀”。这个发心正而深沉。

为了区别新闻学和文学，在新闻学界有一句被广泛引用的话“文学是人学，新闻学是事学”。这句话的后半段我强烈反对。新闻报道确实主要报道新近发生的事件，但新闻学最终关注的是人，新闻学和文学一样，也是人学。总体而言，传播学是大工业化社会、大规模信息传播条件下的产物，其比新闻学更少人文色彩、更多工具理性，社会科学追求规律和效率更加剧了本学科忽视人本身的倾向。新闻传播学研究成果好看的不多，深深打动人的更少，部分年轻学生以为本学科的论著就应该寡淡枯涩。问题不在于论文体裁的限制，根子还在于研究者眼里、心里、笔下有没有活生生的人和人的生活。

我常说：让学术成为生活本身、学术就是生活本身。生活中的田凤精力充沛、古道热肠。本研究对人的关注是作者生活热情的学术折射吧？的确是，又不尽是。

和其他新闻传播相比，风险传播是与人们悲苦命运、痛彻心扉的际遇骤然跌宕起伏以及顽强抗争紧紧纠缠在一起的传播现象，风险传播及其研究若除去“人”，将只剩下可悲的空洞。当下的情况不幸恰恰如此——人们并不清楚当环境、公共卫生等风险来临时，传播的受众到底是些什么人，他们只是模模糊糊的“一团”，也就是“mass communication”中的混沌的“mass ”，人的痛苦和意志被结构性地遮蔽了，工具化的无生命的“媒介人”取代了活生生的人，或者说，“媒介人”成为半人半媒介工具的合成体。

朱田凤以对风险中苦难的感同身受和敏锐的学术洞察力，抓住了研究问题及其根本，期待对风险传播中的受众进行“全面、深度的关怀”。经年努力之后，今日看来，可以说“求乎其上，得乎其中”。“全面、深度的关怀”有待新闻传播学术共同体的长期努力，就单本著作而言，本书研究成果不仅很好地回应了初心，而且成果斐然，作者构建了风险传播与受众的关系模型、创建了社会距离视角的受众分层理论体系和框架、论证了受众与风险传播之间距离关系变化的规律，提出了相应的策略建议，尤其是激烈风险传播情境下的受众极化分层的“邻避冲突”导致受众两端极化分层、“若比邻”效应引发受众单极化聚拢的判断，灵动而富有创建。朱田凤将 8 年时间倾注到本书中，留下期间生命的印记。只有关注生命的学术作品，才可能有生命力。

由于岗位调动，作者已到马克思主义学院工作，学科发生了变化。我坚信这将是作者学术新跃升的开始，人的解放是马克思主义的中轴和核心，本书以其对人的深刻关怀，将成为作者进入马克思主义学科的第一块基石。

刘　洁

2022 年 7 月 31 日于武汉东湖畔

目　录

第一章　导论 ………………………………………………………… (1)

一　缘起：为何对风险传播中的受众进行分层？ ………………… (2)

二　综述：风险传播与受众分层研究梳理 ………………………… (11)

三　研究思路、研究方法与研究创新 ……………………………… (30)

四　研究的理论价值与现实意义 …………………………………… (35)

第二章　风险传播与受众分层的框架建设 ……………………… (37)

一　概念限定与厘清 ………………………………………………… (37)

二　讨论语境：媒介化社会中的风险与风险传播中的受众 ……… (40)

三　位置与风险传播——风险传播中受众分层的依据 …………… (49)

四　受众分层研究的理论框架构建 ………………………………… (62)

五　本章小结 ………………………………………………………… (67)

第三章　空间距离维度的受众分层 ……………………………… (69)

一　空间、风险与媒介 ……………………………………………… (69)

二　空间中的风险传播与受众 ……………………………………… (77)

三　空间距离中的受众分层 ………………………………………… (81)

四　受众信息期待与空间满足 ……………………………………… (85)

五　本章小结 ………………………………………………………… (88)

第四章　知识区隔维度的受众分层 ……………………………… (90)

一　社会建构中的风险知识 ………………………………………… (90)

二 知识区隔中的风险传播与受众 ……………………………………（98）
三 知识区隔中的受众分层 ……………………………………………（107）
四 受众信息期待与知识满足 …………………………………………（110）
五 本章小结 ……………………………………………………………（113）

第五章 心理距离维度的受众分层 ……………………………………（115）
一 风险传播语境中的心理距离 ………………………………………（116）
二 受众与风险传播的心理距离关系 …………………………………（119）
三 心理距离维度的受众分层 …………………………………………（131）
四 受众信息期待与心理满足 …………………………………………（135）
五 本章小结 ……………………………………………………………（139）

第六章 风险传播与受众分层的调查研究 ……………………………（141）
一 理论框架与指标体系 ………………………………………………（141）
二 研究目标体系 ………………………………………………………（143）
三 调查活动与样本特征 ………………………………………………（144）
四 受众基本特征和媒介接触情况 ……………………………………（144）
五 受众风险传播的社会距离统计分析 ………………………………（146）
六 本章小结 ……………………………………………………………（157）

第七章 风险冲突与受众的极化分层 …………………………………（158）
一 空间、知识和心理之间的交互影响 ………………………………（159）
二 受众两端极化分层：邻避冲突与风险抗争 ………………………（165）
三 风险传播的“若比邻”效应与单极化受众 …………………………（170）
四 放大的风险，提升的恐惧——“邻避”“若比邻”的
动力机制 ………………………………………………………………（173）
五 本章小结 ……………………………………………………………（176）

第八章 结语 ……………………………………………………………（178）
一 研究结论 ……………………………………………………………（178）
二 进一步探讨的可能 …………………………………………………（180）

参考文献 …………………………………………………………………（182）

附录　风险传播与受众分层研究调查问卷 ……………………………（195）

后记 ……………………………………………………………………（203）

第 一 章

导　　论

人类社会的传播活动，自诞生之时就是为“人”服务的；传播学研究也是在研究传播活动的基础上，探寻人与传播之间的关系、规律的，进而最终回答如何更好地解决“人”的交流问题。彼得斯在《交流的无奈——传播思想史》一书中，梳理了 communication 的多种观念，这包括了迁移或传输、交换、象征性的互动等，但是他似乎更为欣赏库利赋予 communication 的意义，即传播“是人的关系发展的一种机制”①，他自己也指出他对传播理论的研究在于“审视人的某一种根本的交流状况”②。彼得斯和库利都一针见血地指出了传播学研究的本质是与“人”的关系、交流或者互动，强调传播学研究应须具备以“人”为中心的学术关怀，这是传播活动的终极意义所在。陈卫星在《传播的观念》中指出，传播有三个组成要素：媒介、信息和交换伙伴。这里的交换伙伴就是指传播的对象：人，“整个传播活动过程中无数个人和团体伙伴及参与者”，“传播行动确定两个或者若干个交换伙伴之间的相互认同和交换意图”③，没有人的参与，传播便无法实现交流、无法完成互动。所以，在任何一种传播活动或研究中，对受众的关注都是不可或缺的。

风险传播作为以内容为标准从新闻传播中分离出来的独立命题，与受众有着更为重要的勾连意义，这是因为，伴随着科学技术进步而产生

---

① ［美］库利：《人类本性与社会秩序（英文版）》，中国传媒大学出版社 2016 年版，第 68 页。

② ［美］彼得斯：《交流的无奈——传播思想史》，何道宽译，华夏出版社 2003 年版，第 8 页。

③ 陈卫星：《传播的观念》，人民出版社 2004 年版，第 12 页。

的风险，与人类有着关乎生命、健康和未来命运发展的密切关系。在媒介技术高度发达的现代社会，一方面，受众总要通过某种风险传播的方式实现与风险的对话；另一方面，风险传播有效性的实现，不仅依托于透明快捷的信息流通技术平台和社会机制，还需要对受众所处的社会环境进行分析，并进而对受众的风险信息需求有明确且充分的了解。受众，不仅是风险传播的出发点，也是风险传播的归宿。

一 缘起：为何对风险传播中的受众进行分层？

风险传播是新闻传播领域的一个特殊分支，它所涉及的议题特殊性和与全社会的相关性使得这一领域的信息交通和流动显得尤为重要。作为风险传播的重要组成部分，受众在风险传播中的地位怎样？他们与风险传播的关系又如何呢？一方面，在中国风险传播的现实语境中，受众大多处于弱势的、信息被动接受地位；另一方面，我们在风险传播的理论研究中也缺乏对受众应有的学术关怀；再加上风险传播中受众本身构成的复杂性等原因，共同导致了风险传播的对象——受众在整个传播场域中的地位缺失。受众地位的缺失，可能常常导致风险事件发生时媒介传播的苍白无力、受众对风险传播的普遍不信任。因此，关注风险传播中的受众，选择适切的理论和方法研究风险情境中受众的风险信息需求特点和分布特点，为风险传播的有的放矢和提高效果做最基础的研究工作，是本书的初衷所在。

不仅如此，受众地位的弱势或缺失，还可能导致风险传播中各方关系的失衡，尤其是受众与风险传播之间关系的失衡。进一步的思考和想象是：风险传播和受众之间到底呈现怎样的一种关系？这种关系是单维度还是多维度、是否可以观察和考量？对二者关系的关注是否对风险传播具有积极指导意义和最终的效果提升价值？

（一）现实困境：风险传播的失效与受众的弱势地位

在贝克看来，伴随着工业化的进步和现代性的发展，“生产力的指数式增长，使危险和潜在的威胁的释放达到了一个我们前所未知的程度"①，这催生了一系列"风险社会景观"②：环境气候风险争议不断（如水污染、PM2.5）、科技风险引发群体性事件（如PX项目、核电项目、转基因食品）、健康风险此起彼伏（如食品安全、医疗医药信任危机、传染性疾病）等，由于议题与广大受众生命健康之间的紧密相关性，这些风险事件一经出现都会成为媒介报道的热点和受众关注的焦点。然而，媒介对风险的热度报道与各种风险性群体事件的频发形成了强烈的风险冲突景观，这似乎反映了令人担忧的风险传播效果。

纵观国内外风险传播的社会现实，我们发现，在许多情况下，面对已发生且扩散、带有复杂不确定性的风险事件，大众传播虽竭尽全力构建信息沟通与交流的平台，但却往往可能沉陷其中，这主要表现为两种情况：第一，风险报道被议题牵着鼻子走。例如英国的疯牛病传播、马航失联事件、新冠疫情早期的传播等就是如此，由于事件本身的不确定性和各方消息的反复无常，各方跟进的媒介报道矛盾百出、前后不一，风险传播完全被事件的扑朔迷离所导引。第二，媒介制度的规范要求敏感话题的传播需与政府保持立场一致。例如苏联切尔诺贝利核泄漏事件传播、中国SARS事件传播等均属此类，媒介在事发初期因制度要求而保持沉默，后期却在社会恐慌蔓延的反逼、并在政府许可条件下才逐步使报道走向透明化。风险传播的效果乏力，可能常常导致更为严重的社会后果：直接后果是社会恐慌的蔓延和受众对风险传播的失望，终极结果则是受众怀抱对政府和传播的双重不信任，坚持与政府、媒介相悖的、负性信息主导的风险认知，甚至引发严重的社会后果。特别在中国的风险社会景观中，近年不断爆发出充满对抗和斗争的群体性事件，甚至是暴力冲突。最为典型的当属自2007年开始的厦门PX项目事件，虽然关于项目的科学知识、安全可行性论证、政府认可与批准的各类信息不断见诸大众传媒，但是项目建设却历经厦门（2007）、大连（2011）、宁波（2012）、昆明（2013）、九江（2013）、成都（2013）、茂名（2014）等

---

① ［德］乌尔里希·贝克：《风险社会》，何博闻译，译林出版社2004年版，第15页。

② 曾繁旭、戴佳：《中国式风险传播：语境、脉络与问题》，《西南民族大学学报》（人文社会科学版）2015年第4期。

多地辗转，每到一处都遭到民众的强烈抗议，甚至引起一系列群体性事件的爆发。以上的现实向我们表明，在风险传播的社会情境中，许多社会恐慌和不安并未因大众媒介积极参与传播而得到有效改善，尽管媒介“在非理性主义的海洋中充满骄傲地充当着理性自身的代表，但它们还是陷入了难以控制的风险冲突的陷阱中”①；甚至在许多情况下，风险事件平息之后的媒介还会处于被批评指责的尴尬境地，风险传播的苍白无力处处可见。

那么，这些风险传播失效的缘由何在呢？从表面上看，传统大众媒介和蓬勃发展的新媒体、自媒体的话语分裂，导致“技术性风险评估和公众风险感知之间的鸿沟日渐扩大”②，风险社会景观的媒介传播多元化和信息构成复杂性给受众认知风险带来困惑，这些似乎都是导致传播失效的原因所在。但实际上，传播失效的深层机制在于受众在传播中与其他主体间的弱势关系及其由此产生的受众与政府及媒介的矛盾立场和前者对后者的不信任：在风险传播中，总是存在着各种群体力量之间的博弈③，谁能定义危险的标准，谁就能在社会权力机构中奠定重要的地位④，处于流动中的风险信息总是带有各种各样的立场和偏见。在这场博弈中，一方面，政府和媒体可以通过对议题设定权力的掌控获得话语权和相当的社会影响力⑤，他们常常固执地倚重“科技范式”，希望通过专家知识及专业权威的宣传对受众进行单向灌输和说服，受众的信息需求和风险感知被不同程度地忽略；另一方面，政府过去长期以来缺乏风险信息透明与公开、缺乏与受众的风险对话等行为导致受众对政府和媒介存有不

---

① ［德］乌尔里希·贝克：《世界风险社会》，吴英姿、孙淑敏译，南京大学出版社2004年版，第43页。

② 曾繁旭、戴佳：《中国式风险传播：语境、脉络与问题》，《西南民族大学学报》（人文社会科学版）2015年第4期。

③ Kitzinger，Jenny & Reilly，J.，*The Rise and Fall of Risk Reporting*：*Media Coverage of Human Genetics Research*，*False Memory Syndrome and Mad Cow Disease*，European Journal of Communication，No. 12，1997.

④ Ben-Yehuda，Nachman，*The Politics and Morality of Deviance*，Albany：SUNY Press，1990，p. 67.

⑤ Jenkins，Philip，*Intimate Enemies*：*Moral Panics in Contemporary Great Britain*，NY：Aldine de Gruyter，1992，p. 85.

信任的刻板印象；另外，受众在风险传播中始终处于弱势地位，他们群体庞大但却缺乏参与博弈的社会资源（权力、经济、渠道、媒介等），虽然新媒体、自媒体的勃兴给他们提供了话语机会，但也会因缺乏权威信源而导致更复杂的信息构成（谣言、流言鱼目混珠）。所以，双重压力之下的受众在风险传播中会固执地保持“主观性和非理性化”直观判断①，并保持脱离实际情形的、高度的风险认知，进而引发风险传播频频失效的现实困境。

（二）理论缺失：中国风险传播受众研究严重不足

20 世纪 70 年代，美国首任环境署长威廉·卢克希斯提出了“风险传播”（Risk Communication）这一概念。20 世纪 80 年代，苏联切尔诺贝利核泄漏事件、全球变暖等问题的出现和热议，引发公众对风险议题的强烈关注，并进而成为媒介关注的焦点。同时，媒介对风险议题呈现的方式、效果等也引起学者关注，“风险传播”研究纳入新闻传播学研究视野。

国外的“风险传播”研究主要集中在受众风险感知研究、风险传播中媒介的功能与效果研究、风险传播的伦理反思、风险传播的话语权及其“亚政治”研究、风险传播案例研究等诸多领域，受众研究多分布于效果研究、受众对风险议题的参与研究等之中，受众也常常作为风险传播研究的一个变量出现并与其他变量产生互动，或者在研究中更多使用“公众”“人们”等概念来观察媒介风险传播的社会影响和互动等。而中国的“风险传播”研究则集中于风险传播的业务研究、风险社会理论研究、风险传播中媒介的功能研究、风险传播治理与管理研究、风险传播中媒介的社会责任与伦理研究等，对风险传播中受众的研究少之又少，且这些极少量的受众研究又常常是“公众”与“受众”的混用，甚至有人在风险沟通的受众研究中明确指出“公众与受众可替换使用”②。

---

① 陆玮等：《核电的公众接受性诊断及对策研究——广东核电公众接受性实证研究》，《科技进步与对策》2003 年第 9 期。

② 黄河、刘琳琳：《风险沟通如何做到以受众为中心——兼论风险沟通的演进和受众角色的变化》，《国际新闻界》2015 年第 6 期。

通过对国内外“风险传播”研究的梳理我们发现，国外的风险传播研究相对丰富和系统，对于传者、受众以及所有的利益相关者，都有较为充分的关照和论述，但风险传播中专门的受众研究并不多见；而国内学者们对风险传播的关注更多聚焦于新闻传播流程中传者的新闻生产面向：如何构建、如何放大、如何呈现，信息源头的话语权竞争、风险传播的社会角色和功能等；心理学范式介入的风险感知研究，则主要研究公众或受众对于风险信息的认知、态度及其行为等变化。这些研究中均存在一个天然的预设条件——即在风险传播中，受众是一种全员的存在；换句话说，风险传播所面对的，是社会中所有人群，且他们都接触到了风险传播的信息。这一发现让我们认识到，在风险传播研究中，有一个重要的角色缺席——受众，存在于风险传播的场域之中、构成多元而复杂的受众，作为传播的目标和信息到达终点的受众，并未得到风险传播研究者应有的学术关怀。

为了进一步确定这一论断是否准确，我们又在国内最大的图书网站当当网和最大的中文数据库中国知网上做了个简单的文献检索（数据截止 2020 年 12 月 30 日）。当当网的检索，有意义的结果仅有两个，即由刘金平著的心理学专著《理解·沟通·控制：公众的风险认知》和王庆的《环境风险的媒介建构与受众风险感知》，可以看到这两本书仍然主要集中在偏向于心理学面向的风险认知/感知研究上。而在中国知网上，我们分别以“风险传播 + 受众”“风险 + 受众”“危机 + 受众”① 为检索式进行搜索，按照文献的相关性降序排列，且每一个检索式浏览文献标题 500 条；对题目有相关性但不明确的文献，详细阅读是否与风险传播的受众研究有相关性。这个文献梳理结果显示：

在共搜索到的 1500 条文献中，明确与受众有关的文献共计 17 篇，其中包括有关受众风险感知的心理学研究文献 3 篇。经过逐一仔细阅读，多数文献并不是着重研究受众的，受众仅仅是其影响其讨论对象的变量之一，仅有吴海荣 2020 年发表的《新冠肺炎疫情早期受众视野中的风险

---

① 用“风险 + 受众”的检索式是为了进一步扩大搜索的范围，防止有些词语拼写差异造成的文献遗漏；而用“危机 + 受众”的检索式，则是因为在国内的很多研究中，危机传播与风险传播是互用的。

感知、信息传播与恐慌分析》、公克迪 2016 年发表的《互联网视阈下食品安全危机事件的传播——基于“僵尸肉事件”的受众研究》、杨慧琼和杜建华 2011 年发表的《受众为何按照谣言而不是新闻行事——对 2010 年两起地震谣言的比较分析》、赵燕芳 2010 年发表的《危机传播：变化中的受众及其影响探析》和卢正伟 2009 年发表的《公共危机传播中的受众研究》5 篇文章对受众有一定的讨论研究。但遗憾的是，这几篇文章的讨论仍然是将受众作为一个整体角色而展开讨论的，且研究不够深入，忽略了风险传播研究议题的特殊性和受众构成的异质化。同时，有关“风险传播”的搜索数据显示，相较于新闻传播学科内 898 篇的“风险传播”文献总量，5 篇较有意义的受众研究显得尤为薄弱。

（三）风险传播语境：受众构成的复杂性和需求的差异性

风险传播是风险社会与媒介传播的交叉样态：现代风险社会瞬息万变，风险无处不在且具有强烈的不确定性，风险社会中的人们需要了解各种各样的风险信息，这些信息是跨学科、跨地域、跨时间的；传播媒介作为现代社会信息流动的有效平台，其对风险信息的呈现和交流，既是自身立足和发展的功能身份实现，又是对受众多元信息需求的满足。但风险传播不同于一般意义上的信息传播，风险议题的存在、发展的有害性、普遍性、不确定性将它与社会大众的生命安全健康普遍地联系起来，它们总是在物质性和社会性的交错勾连中存在。与一般大众传播的受众相比，风险传播语境下的受众，有更多复杂性和异质性，对信息的需求也呈现出与普通受众的巨大差异，这是我们要对其进行研究的第三个重要缘由。

第一，风险传播语境下，受众构成具有多重复杂性。受众构成的复杂性，首先表现在他们所具有的人口统计学意义上的多元性。风险传播是依据议题内容的特殊性从大众传播中分离出来的，这种分离并不需要将受众的人口特征纳入考量，所以，某一特定风险及其信息面对的受众群体将大大忽略年龄、性别、职业、文化背景等差异，这使得风险传播中的受众呈现出人口统计学特征上的多元性。受众构成的复杂性，其次表现在风险议题多元化导致的群体区隔与交叉并存。如前所述，风险议题，广泛地分布在化工、环境、空气、食品、医疗医药等各种不同的领域中，风险传播的目标受众总是依据某一特定议题而聚拢，形成区别于其他风险议题的受众群体；从受众角度来看，受其个体自主性、兴趣和关注点等的影响，每一个受众个体又可能同时关注一个或多个不同的风险议题，他们同时身处不同的风险传播目标受众群中。例如，虽然对转基因食品关注的受众和对核辐射风险关注的受众会各自形成一个受众群体，但也可能，有的受众同时关注这两类风险议题。所以，在风险传播中，因议题内容的多元化会导致受众群体分隔与交叉同时并存。受众构成的复杂性，最后表现在受众群体的不稳定性和流动性。风险社会中的风险议题总是呈现出各种各样的性质和特点，有的风险是突发的、临时的，有的风险是长期的、普遍存在的，受议题性质和媒介关注度的双重影响，受众对议题的关注具有人群上的不稳定性。另外，有的风险分布在不同的空间位置中，例如核项目、垃圾处理项目等会存在于特定的地理空间，有的风险则与相应的风险传播在时间、空间上表现出流动性，例如 PX 项目在中国长达十年的时空变化发展等，风险议题在时空中的改变，再加上高频率的人口流动，导致对风险传播关注的受众群体表现出明显的不稳定性和流动性。

第二，风险传播受众因其个体化特征、议题多元化等对信息需求呈现巨大的差异性。首先，受众个体化差异是导致他们风险信息需求差异化的主体性因素。在风险传播中，每个受众都是一个个体化的存在，他们在年龄、职业、受教育程度和新闻关注维度等方面都存在很大的不同。因此，聚集在同一风险议题之下的受众，会因他们的个体化差异而对风险议题的不同维度产生差异化信息期待。其次，风险传播议题性质的多元化是受众信息需求差异化的本质性因素。现代社会的风险议题分布在不同的领域和空间，那些存在于环境气候、科学技术、生命健康等不同领域现代化风险，总是因其与受众的紧密相关性而受到社会的普遍关注；但是，每一个风险议题涉及的地理空间区隔、专业知识需求、风险存在、表现及发展趋势等的各不相同，导致每一个风险议题的受众都会有特定且不同的信息需求。另外，在现实中，受众的个体化和议题的多元化是同时并存的，从而会产生出更为复杂的和充满异质化的受众信息需求。例如，环境风险中有全球变暖、雾霾、生态失衡等不同议题维度，每一个议题的信息内容构成都不同，那么，不同风险议题的受众群体的信息需求就是不同的；而面对同一议题，受众群体之内的个体化差异，也导致每一个受众的风险信息的期待、认知和解读产生各种各样的层次和面向差异。

（四）受众分层的可能性想象

风险传播是以传播内容为标准将其从新闻传播中分离出来的，它既保持了新闻传播的基本规律，也同时带有风险议题的特殊性。在常规的新闻传播中，传者与受众也许保持一种随机的传受关系，受众对新闻内容的选择带有强烈的个体主观性。但在风险传播中，风险议题的特殊性使其与受众之间可能保持一种重要的、紧密的相关性，而这种紧密的相关性则可能来自风险自身，也可能来自风险传播对风险的描述、评价和定位。我们如何才能更好地观察风险传播中的受众呢？受众们是否全员地保持了与所有风险传播的紧密相连呢？如果是，它是什么样的关系；如果否，受众与风险传播之间的关系又有何不同呢？

我们以曾在中国影响时间长、空间广、范围大的 PX 项目系列事件为例来做一观察。在辗转各地的 PX 项目事件中，每一次群体性事件几乎都发生在特定空间——PX 项目欲落地建设的地方；当 PX 项目迁移之后，当地的社会恐慌很快趋于平淡直至消失。虽然该系列事件的发展也引起了许多受众对新闻进展的关注，但往往是事发地的关注度是最强烈也是最聚焦的，这是现象一。PX 事件首发于 2007 年，其后 7 年也不断更换项目地址，但笔者 2016 年展开的一项有关受众风险认知调查的数据显示，除了很少的高校科研人员认为 PX 低毒外，大部分受众对 PX 都没有确切的了解，甚至保持了与政府、媒介宣传“低毒无害”相悖的风险认知——PX“剧毒有害”，这是现象二。这两个现象给我们带来了进一步思考的动力和方向。

第一，在全国媒介关注 PX 项目进展的高社会热度之下，为什么只有 PX 项目选址地区的受众保持对新闻议题的高度关注，甚至爆发群体性事件？当地民众是否对当地政府、新闻媒体的报道保持比其他媒介报道高得多的关注度，甚至与之展开积极互动（可能是正向的，也可能是负向的）？答案是显而易见、但又是值得思考的：风险项目、风险传播和受众之间的关系与空间有着明显的相关性，但不同空间的受众与风险传播的相关性是不同的，这种差异性是否可以考量、划分？

第二，为什么政府及媒体宣传的 PX“低毒”并不能获得受众的普遍接受和认可？风险传播的失效在受众中的这种反应——少量确认 PX“低毒无害”的受众与大部分认为 PX“剧毒有害”的受众之间又有何不同？这些差异人群是如何区别的？

在前文中我们曾论述，受众的个体化差异和议题的多元化同时并存，或可导致受众的风险信息期待、认知和解读产生层次性和差异性；结合上文中的两个思考我们试图想象：风险传播中风险议题的特殊性是否有助于我们观察受众和风险传播之间的关系？“横看成岭侧成峰”所导致的结果是否可让我们设想：当受众与风险传播的位置关系不同时，所产生的远近亲疏的差异性是否同样会带来风险认知结果的差异性？更进一步，远近亲疏的关系差异性是否可以具有规律性或者层次性？例如，空间上的远近不同，或主体观察角度、关注程度的不同等，这种层次性差异是否可以测量或验证？

以上的思考路径让我们对风险传播中的受众研究有了崭新的想法：如果现实中的这些现象能够在理论上找到回应或者支持，那么受众分层或许是可行的，这种分层可能会让我们更清晰地观察到风险传播中受众的特殊性和差异性，进而达成符合受众特征的风险传播，以上便是本研究开始之初关于受众分层的可能性的想象。

在风险传播的语境中，传播有效性的实现需建立在对受众需求的充分了解、传受双方有效互动的基础之上。但是，受众在风险传播中处于弱势地位，他们的风险信息需求被忽视，由此引起的受众与政府及媒介的矛盾性立场和信任缺失导致了风险传播的频频失效；同时，在中国，作为风险新闻传播流程中的重要构成部分之一的受众研究，也并未受到学者们的关注和重视，由人口学特征、空间及文化背景、专业职业偏向、兴趣志趣等复杂合成的受众异质化研究是相对不足的，缺乏对受众应有的学术关怀。因此，在风险传播的特殊场域中，对受众投入更为积极的关注，对风险传播的受众群体进行划分——或可通过受众分层的路径——并研究不同类型受众的不同特征，以引导政府和媒体展开有的放矢的风险传播，才能切实满足受众的信息需求和期待，进而疏解风险传播和受众之间的矛盾关系，并最终改善、提高风险传播的效果，这将是风险传播语境中受众研究的目标，也是其意义所在。

二　综述：风险传播与受众分层研究梳理

（一）风险传播研究综述

本书的受众分层是放在风险传播这个特殊的传播场域中展开的。风险传播研究源起于西方，且发展蓬勃，因此有着丰富的研究路径和维度；中国的风险传播研究起步较晚，但也发展迅速，业已形成了较有规模的研究体系。国内外风险传播研究的文献爬梳，既为我们提供了学习和借鉴的丰富的理论知识，也是我们挖掘研究空间的必由之路。

1. 国外风险传播研究的源流与路径

Communication 一词源自拉丁文，原意是指“人际之间的相互联系与沟通”，在研究中既可以指沟通，也可指传播，所以国外的“Risk Communication”一词也用于这两个领域，即风险沟通和风险传播。但本研究主要放置于新闻传播的学科领域内观察受众，媒介及其传播作为政府、专家与受众之间沟通的主要桥梁，因此本研究主要使用“风险传播”的概念。

风险传播的研究，起源于西方，在早期主要关注与社会生活密切相关的环境与健康领域。20 世纪 70 年代，美国首任环境署署长威廉·卢克希斯提出了“Risk Communication”这一概念。1986 年，Covello 将其定义为“在利益团体之间，传播或传送健康或环境风险的程度、风险的重要性或意义，或管理、控制风险的决定、行为、政策的行动”①。1993 年被誉为风险沟通鼻祖的 Peter Sandman 认为：为有效地预防和降低风险，需要应用风险传播（沟通）的策略加强政府与媒体的沟通、专家与大众的沟通，统一对风险的认知，取得相互信任。② 从此关于风险传播的信任问题被纳入研究视野。

---

① Covello，V. T.，Slovic P. & Von Winterfeldt，D.，*Risk Communication：A Review of Literature*，Risk Abstracts，1986，3（4）：172，转引自林爱珺、吴转转《风险沟通研究述评》，《现代传播》2011 年第 4 期。

② Sandman P M.，*Responding to Community Outrage：Strategies for Effective Risk Communication*，New York：America Industrial Hygiene Associa-tion，1993.

西方社会的风险传播研究经历了“以科学界为主的风险教育到探究公众风险认知的‘从我到他’的阶段”[①]。Fischhoff 将西方风险传播的过程总结为七个阶段：描述风险—告知（公众）风险—解释风险—告诉公众风险不可怕—阐释风险中包含的公众利益—善待公众—与公众合作。[②] Fischhoff 的总结反映了公众在风险传播中“从对象到伙伴”的地位变化，但风险传播又不仅仅是媒介与受众的关系，围绕风险传播而建立起的受众风险感知研究、媒介社会功能研究、社会构建性及政治话语权研究、伦理反思研究等一系列研究共同构建了西方风险传播研究的谱系图。

（1）受众的风险感知研究

受众的风险感知研究反映了西方风险传播研究中的心理学范式，这些研究主要地反映了受众对风险的心理表征，其研究结果给本研究中的受众的心理距离提供了非常积极的借鉴作用。斯洛维克及其团队主要采取了定量研究的方法，运用多种心理测量标度的方式，对感知风险、感知收益和感知的其他方面进行分析和研究：首先，他们用程度评估技术来评估风险、收益和致命事件的感知频率；其次，他们用传统的态度询问以及非传统的词语联系和情境生发方法对这些方式进行补充。[③] 后来，这些方法形成了系统的风险感知心理测量范式。卡斯珀森、伦内、斯洛维克等人提出了一个风险感知研究的理论框架，框架中包含了影响人们风险感知的多种因素：主要有人们感知到的事故及其严重程度，媒介对风险事件的报道，风险事件相关的企业、组织或制度和经济考量等。[④] 这些因素共同产生作用，共同描述了风险事件与社会、经济、政治、文化等各种因素对风险的放大影响及其产生的波及效应。信号价值反映了感

---

① 贾鹤鹏、苗伟山：《科学传播、风险传播与健康传播的理论溯源及其对中国传播学研究的启示》，《国际新闻界》2017 年第 2 期。

② 贾鹤鹏、苗伟山：《科学传播、风险传播与健康传播的理论溯源及其对中国传播学研究的启示》，《国际新闻界》2017 年第 2 期。

③ ［美］保罗·斯洛维克：《风险感知：对心理测量范式的思考》，载［英］谢尔顿·克里姆斯基、多米尼克·戈尔丁编著《风险的社会理论学说》，徐元玲等译，北京出版社 2005 年版，第 131 页。

④ ［美］保罗·斯洛维克：《风险感知：对心理测量范式的思考》，载［英］谢尔顿·克里姆斯基、多米尼克·戈尔丁编著《风险的社会理论学说》，徐元玲等译，北京出版社 2005 年版，第 137 页。

知事件提供的关于未来可能发生类似或更具破坏力的不幸事件的新信息。在《风险与文化》中，道格拉斯认为，健康与环境关注不能只停留在表面价值；在人们所有可以担心的事务中，人们倾向于对那些有助于加强制度的社会团结的风险给予特别的关注。[①] 道格拉斯在另一本著作中还研究了不同道德准则如何会影响风险感知：她指出了理性选择理论无法解决道德需求的不足之处，而且提出一种供替代的理论，解释人们为什么选择关注那些人们所冒的风险：如果社会选择关注特定危险的文化程度基于分配责任、自我正当化或要求他们解释的制度程序，那么公众道德判断将会大力宣传某些风险，而得到良好宣传的风险最后将与合法的道德原则联系起来。[②] 受众的风险感知研究不仅提供了风险研究的心理学取向，还以此为基础关联了影响风险感知的媒介因素和社会因素，以及这些因素与人之间的互动。

（2）风险传播中媒介的功能研究

在风险社会中，风险需要经由一定的信息渠道才能到达公众那里，媒介的新闻报道是一条重要的，甚至是关键性的渠道之一。多数情况下，媒介对风险的报道和传播对风险有着复杂的影响机制，有关风险的新闻报道形塑、放大或弱化着社会风险。风险的社会放大框架认为，风险传播中的关键是媒介形塑的有关风险的各种信号（形象、信号和符号等），而这些信号的形成建立在风险和风险事件自身特点的基础上。这些风险信号不仅会放大或者缩小风险而影响人们的风险感知，还会与风险的社会、文化、制度和心理等过程产生相互作用和相互影响。[③]因此，风险经验不仅仅是一种实际伤害的过程，也是群体或个体借以学习获取或创立对风险的解读过程的结果。而伦内和卡斯珀森的研究发现，风险事件的爆发对风险的总体社会影响有着决定性的作用，这是因为，有关风险的

---

① Douglas, M. and Wildavsky, A., *Risk and Culture*, Berkeley, Universtiy and California Press, 1982, p. 196.

② ［美］保罗·斯洛维克：《风险感知：对心理测量范式的思考》，载［英］谢尔顿·克里姆斯基、多米尼克·戈尔丁编著《风险的社会理论学说》，徐元玲等译，北京出版社 2005 年版，第 102 页。

③ ［美］珍妮·X. 卡斯帕森、罗杰·E. 卡斯帕森等：《风险的社会放大：15 年研究与理论评估》，载［英］尼克·皮金、［美］罗杰·E. 卡斯帕森等编著《风险的社会放大》，谭宏凯译，中国劳动社会保障出版社 2010 年版，第 4 页。

社会经验是在被大众媒介、社会文化、社会群体、制度和个人等社会加工的过程中复杂地形成的。[①]风险经由媒体的报道会直接影响受众的风险感知，并可能引发一系列文化和经济后果以及个人和集体的反应。具体而言，高频率的、有关风险事件的媒介报道可能会引发广泛的社会动员，这反映了风险事件的媒体报道状况与社会动员之间的紧密相关性，也集中反映了媒介报道在风险放大和社会动员中的刺激作用。埃尔德里奇和赖利认为，媒体并不会报道所有的风险，而是具有选择性；新闻价值虽然可以提升风险本身被报道的可能性，但是也并非所有的风险都始终会得到媒体的持续跟踪和报道。从这一点来看，媒体在风险社会中的角色并非有些理论中认为的那样简单和直接。[②]媒体并不是风险的急切报道者，他们对那些长期有威胁的风险都不会维持较高的报道量。但是，在有些情况下，压力群体（pressure groups，通过政治压力易扩展他们本身利益的集团）会因为政治或经济的目的性而将有些风险问题强行纳入公众视野，这就需要他们对风险的运作和经营，并需要有效利用媒体的社会影响力；媒体作为呈现和传播公共问题的主要渠道，在某些情形下，媒体还成为公众评估风险和与专家对抗性解读风险信息的重要平台。从这个意义上来看，媒体并不是社会机制中“风险的民主化”过程中社会公众的盟友，媒体在生产与传播风险报道的过程中总会受到自身价值观、经济利益驱动或社会压力等多方的限制与影响。

（3）风险传播的社会建构性及政治话语权研究

呈现在受众面前的风险，总是经过包括媒介在内的各种权力的博弈之后而最终面世的。福克特和迈克尔的研究关注风险报道背后的议程设定与风险定义的权力关系，强调风险报道是“一种危险的社会建构”，谁能定义危险的标准，谁就能在社会权力机构中奠定重要的地位。[③] 媒体可

---

① ［美］罗杰·E. 卡斯帕森：《风险的社会放大效应：在发展综合框架方面取得的进展》，载［英］谢尔顿·克里姆斯基、多米尼克·戈尔丁编著《风险的社会理论学说》，徐元玲、孟毓焕等译，北京出版社 2005 年版，第 187 页。

② ［美］约翰·埃尔德里奇、杰基·赖利：《风险与相对性：疯牛病与英国媒体》，载［英］尼克·皮金、［美］罗杰·E. 卡斯帕森等编著《风险的社会放大》，谭宏凯译，中国劳动社会保障出版社 2010 年版，第 121 页。

③ Ben-Yehuda, Nachman, *The Politics and Morality of Deviance*, Albany: SUNY Press, 1990, p. 67.

以通过对议题设定权力的掌控获得话语权和相当的社会影响力。[①] 埃尔德里奇和赖利的研究认为，大众传媒在推动风险成为社会公共领域或政治争议的一个重要议题的过程中发挥了重要的作用，而社会各方对媒体的争议性态度也将其推到了风险传播的风口浪尖：政府与企业为了引导社会风险认知并维持其“社会公信力”而会与风险传播者达成同盟或雇佣“风险沟通者”，社会公众及其他压力群体则在规避风险的诉求中制造“新闻价值”以吸引媒体的关注和报道，专家们则认为媒体的风险报道制造和传播了谣言，而风险报道者们也在呈现风险的同时融入和风险有关的科学争议和各种各样的社会争论。[②]伦内提出了风险争论的“社会竞技场”概念，用来描述影响集体决策与政策的整治行动的象征性的位置，并认为风险的政治竞技场上的社会群体通过社会自愿动员，努力使它们影响集体决策过程结果的机会最大化；斗争的结果，不仅由个体或群体行为来决定，而且由竞争性群体中的结构性竞技规则与相互影响来决定。[③] 竞技场的主要参与者——政府和国家机构、反对党、运动组织团体、公司、科学与专家以及媒体，这些参与者不断为地位和优势展开竞争，为争取对公众传播和注意力的掌控展开的斗争在这里扮演着核心角色。[④] 媒介既是风险竞技场中的力量之一，也是风险争论的信息交流平台，它的话语建构既反映竞争群体的话语表达，也反映自身的立场和态度。费斯克认为，人们只是大众传媒产业制造的资讯的被动受众，而这些大众传媒产业反映的只不过是主流资产阶级的兴趣；人们接收文本的方式反映了不同的反抗形式。在费斯克看来，文本就是文化商品生产者和消费者的“角力场所”。媒体制造出的许多不同的资讯，反映出有关社

---

① 郭小平：《风险社会的媒体传播研究：社会建构论的视角》，学习出版社 2013 年版，第 5 页。

② ［美］约翰·埃尔德里奇、杰基·赖利：《风险与相对性：疯牛病与英国媒体》，载［英］尼克·皮金、［美］罗杰·E. 卡斯帕森等编著《风险的社会放大》，谭宏凯译，中国劳动社会保障出版社 2010 年版，第 120 页。

③ ［美］奥特温·伦内：《风险争论的社会竞技场概念》，载［美］谢尔顿·克里姆斯基、多米尼克·戈尔丁编著《风险的社会理论学说》，徐元玲、孟毓焕等译，北京出版社 2005 年版，第 200 页。

④ ［英］尼克·皮金、［美］罗杰·E. 卡斯帕森、保罗·斯洛维奇编著：《风险的社会放大》，谭宏凯译，中国劳动社会保障出版社 2010 年版，第 142 页。

会中风险的性质和定义的斗争。[①]

（4）风险传播的伦理反思

存在于真实的科学领域内的风险与经过媒体报道而呈现于社会的风险之间的距离到底有多远，风险传播是否制造了新的社会风险？批判视角的伦理反思为我们认知风险传播提供了有益的窗口。阿伦·梅热集中分析和研究了有关拉夫运河与三里岛事件的媒体报道，撇开具体的内容不论，海量的媒体报道影响了公众对事件严重性的认知以及社会团体和机构的政治议程。[②] 随后，在探讨大众传媒对核电与化学危害的报道的一项研究中，梅热发现了“……对一项有争议的技术或环境项目的广泛报道不仅唤起公众关注，而且将其推向了对立”的证据。[③] 麦库姆斯仔细研究了媒体的议程设置角色，他指出，由于其时间、空间和资金方面的限制，以及编辑们对读者兴趣的认识，大众传媒只会报道少数的危险事件，即大众传媒只是有选择地强调危险事件中的少数；同时，人们对大多数危险事件并没有直接的体验。大众传媒通过其易得性、及时性和在不同地理范围的渗透力在人们有关危险事件的经验中扮演着一个重要的角色，但媒体对风险的放大或弱化会导致经济、政治和社会后果的放大或弱化，进而导致人们会对某些风险产生恐慌，而对另一些风险视而不见。[④] 大卫·丹尼通过研究指出，媒体总是倾向于将危言耸听与制造恐惧和安慰混合在一起，很难断言媒体只关注那些罕见的戏剧性事件。媒体对于风险故事的肯定和否定的反应都需要，这次所制造的流行一时的争论，只会被下次“闹得满城风雨的事件”所替代；媒体对于取悦公众的风险报道素材的短视而贪得无厌的需求，远远偏离了风险的“理性”话语。这

① ［英］大卫·丹尼：《风险与社会》，马缨、王嵩等译，北京出版社2009年版，第90页。

② Mazur, A., “The Journalist and Technology: Reporting about Love Canal and Three Mile Island”, *Minerva*, Vol. 22, 1984.

③ Mazur, A., “Nuclear Power, Chemical Hazards, and the Quantity of Reporting”, *Minerva*, Vol. 28, 1990.

④ McCombs, M., “The Agenda-Setting Approach in D. D. Nimmo and K. R. Sanders (eds.)”, *Handbook of Political Communication*, Beverly Hills, CA: Sage, 1981, pp. 121-140.

种讨论风险的手段助长并显示出贝克所提到的“恐惧的世界性意义”①。媒体越来越关注风险事件中警告不被关注的责任追究问题，而在追究责任时又有制造阴谋理论的嫌疑。②

2. 国内风险传播研究的探索与发展

中国的风险传播研究起步较晚，初期发展缓慢，孕育于风险社会和危机传播研究③；但是近年来，伴随着风险事件和风险冲突的频发，风险传播研究在借鉴国外先进理论和方法、结合中国社会现实图景的探索中快速发展起来。

根据中国知网的数据，“风险传播”研究大约开始于 2003 年，这可能与 SARS 事件及其中国传播机制的变化有关。在知网学术趋势搜索中键入“风险传播”，可看到自 2003 年以来，中国的风险传播研究关注度呈现曲折上升的态势，且研究的热度上升趋势越来越明显，如图 1－1 所示：

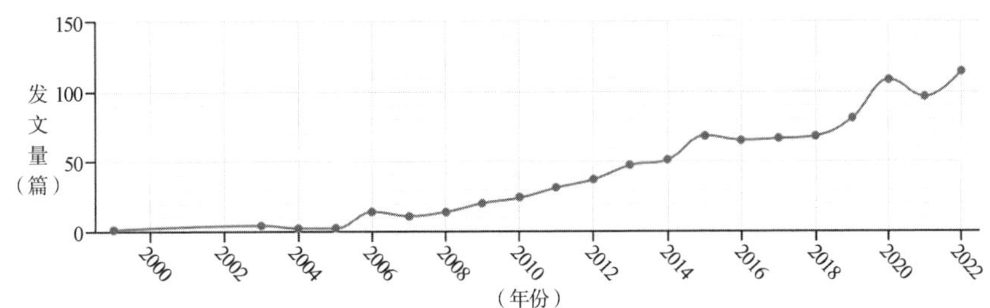

图 1－1　中国“风险传播”研究学术关注度走势（中国知网）

从图 1－1 中可以看到，中国关于风险传播的研究 2003 年起开始出现，自 2005 年起开始进入快速上升趋势。与国外的风险传播研究相比，中国的风险传播研究文献总量不少，但多数还停留在对国外成熟理论的

① ［英］大卫·丹尼：《风险与社会》，马缨、王嵩等译，北京出版社 2009 年版，第 110 页。

② ［英］大卫·丹尼：《风险与社会》，马缨、王嵩等译，北京出版社 2009 年版，第 95 页。

③ 林爱珺、吴转转：《风险沟通研究述评》，《现代传播》2011 年第 3 期。

借鉴和落地上，研究面宽泛但单薄且不成体系。总体而言，中国的风险传播研究还主要集中在“传者”及所处环境的思考中，包括了业务研究、理论研究、媒介功能研究、治理与管理研究等多个角度，虽然对受众有所提及，但对受众的关注严重不足。

（1）风险传播的业务研究

受风险传播属于“舶来品”的影响，中国风险传播的业务研究在风险的报道研究上有着较多的关注思考。马锋深入到新闻生产的流程中，从信源动员到信源策动偏向开始考察，观测到科学家、政府、记者和编辑等在各个流程中，由于不同的文化背景、职业身份及职业习惯等，面对风险信息都会做出各自不同的偏向性选择。作者通过对新闻生产各个环节偏向产生的考察，期望探寻“改变偏向的有效方法”①。李春雷等人的研究认为，受新媒体技术对信息传播模式的影响，受众参与传播更加便捷和自由，而媒介传播对突发性事件的报道所形成的社会热度与受众的参与度密切相关，这可能会形成诱发风险的新框架，他通过对新媒体风险报道从标题、核心信息、归因和语言的研究，从新媒体报道的流程中发现风险再造的机制：“风险源头—报道中的风险膨胀—报道后的风险兑现：被制造出的风险”，进而认为新媒体本身充满了危险且可能再制造风险。② 而卞转转则以转基因食品报道在中国的发展阶段为线索，分析了风险议题在不同的发展阶段表现出不同的传播特点，认为中国的转基因食品报道经历了“风险规避到风险沟通”“单向沟通到互动交流”“大众媒介参与式知识管理”三种报道范式的转变。③

（2）风险传播的理论研究

国内风险传播的理论研究维度较为分散，伴随新媒体的发展，新媒体与风险传播研究也成为学者们关注的重要领域之一。胡忠青从新闻传播的规律入手，认为媒介在传播风险信息时面临着理论上的困境：新闻事实在先传播在后的规律导致传媒在风险传播时“迟到”、风险潜在性与

① 马锋：《现代风险报道生产偏向研究》，博士学位论文，复旦大学，2008 年，第 3 页。

② 李春雷、凌国卿：《风险再造：新媒体对突发性事件的报道框架分析》，《新闻界》2013 年第 8 期。

③ 卞转转：《风险议题的报道范式研究——以转基因食品报道为例》，硕士学位论文，安徽大学，2015 年，第 53—56 页。

新闻“显著性”的矛盾导致风险传播的“质变”、媒介的自身特性导致传媒对风险的传播失真与风险扩散等，这些问题导致大众媒介在风险社会中充当“报警”而不是“预警”的角色。[①]程宇婕的硕士论文在介绍风险社会的基础上，系统梳理了风险社会中的大众传播理论，认为大众媒体作为社会信息交流系统、心理疏导系统、文化建构系统、管理控制系统，在风险认知、风险沟通、风险规避等方面发挥着举足轻重的作用。[②] 董小玉等人在风险社会的视域下，对媒介污名化的特点和产生进行了深入分析，并认为媒介带有污名化倾向的报道会严重影响受众的风险判断和风险决策，进而放大风险或产生新的风险。[③]汤天甜、李杰则以“上海外滩踩踏事件”为例，认为我国的风险传播中存在“媒介的传播偏向与风险本质探究的隐匿”“风险衍生情感的渲染与元风险呈现的弱化”和“知情权的扩张与隐私权边界模糊”等矛盾和悖论，并在此基础上探究矛盾消解的可能性路径，如媒介报道的平衡思维、实践反思和媒介风险意识的涵化等。以互联网为基础的新媒体、自媒体的发展，虽然大大拓展了风险传播的路径和方式，但带来了更多的传播问题。[④] 武鸿鸣就认为微信传播的潜在风险可能蕴藏在传播的偏向之中，且会将媒体公共传播空间与个体私人传播空间的界限模糊，这可能会对风险传播实践和管理均提出新的挑战。[⑤]

（3）风险传播中媒介的功能研究

现代化风险传播中的媒介，不仅是信息传播和交流的平台，传播客观的、有价值的风险信息，也同时塑造着新风险和流传着各种谣言，媒介在风险传播中的功能是多元化的。中国学者对媒介在风险传播中的功能研究更具体，也更偏向媒介与各社会部门之间的协调性。马凌认为，新闻媒体在风险传播中发挥了基本的预警、报告和化解风险社会影响的

---

① 胡忠青：《传媒风险传播的理论困境分析》，《新闻界》2008 年第 3 期。

② 程宇婕：《风险传播理论研究》，硕士学位论文，山西大学，2010 年，摘要。

③ 董小玉、胡杨：《风险社会视域下媒介污名化探析》，《当代传播》2011 年第 3 期。

④ 汤天甜、李杰：《风险社会中媒介传播悖论及消解路径探析》，《中国出版》2015 年第 7 期。

⑤ 武鸿鸣：《微信时代下的社会风险传播转向》，《长安大学学报》（社会科学版）2015 年第 3 期。

基本功能，它还有可能放大、转嫁甚至制造风险，这种媒介机构的“有组织的不负责任”造成了新风险形成的可能。要消解媒介风险传播的负面性，需要他们与社会其他部门和组织的合作、协商和协调，对媒介风险传播进行积极的角色和范式转换。[①]孙玮的研究以福建南平校园暴力犯罪案的媒介表现为例，通过分析认为风险社会中的媒介会对风险性社会事件做出定义并提供受众认知世界的框架，这不仅会影响公众对于突发事件的理解和应对，还会对公众甚至整个社会的认知方式产生影响。[②] 郭小平认为，媒介建构了风险，并实现了科技风险与生活风险、私人风险与公共风险在私人领域与公共领域之间的媒体转换；大众传媒就是各种风险论述与论争的“新闻场域”，媒体建构了现代风险。[③]中国学者对风险传播中媒介功能的研究和关注，与国外略有不同：国外的研究更加注重风险传播中媒介的主体性功能，而国内的研究则将媒介的功能放入整个社会机制及其相互关系中。

（4）风险传播治理与管理研究

中国的新闻传播事业不同于西方国家，这使得我们的风险传播同样纳入治理和管理的视阈。彭彪提出，在一个全球性、虚拟性和开放性的网络社会中，信息和知识成为重新塑造社会结构的基本力量，而信息和知识本身包含了巨大的不确定性，蕴含着巨大的社会风险；传播新技术条件下数字鸿沟加剧了社会分化并引起了风险分配的失衡。针对这一状况，作者建议建立健全和谐的传媒环境、风险预警与沟通机制、加强媒介素养和风险教育、完善社会控制机制这一具有合作互补关系的复合治理机制。[④] 黄月琴的研究指出，风险传播中，大众媒介发挥了多种多样的政治功能，这包括帮助公众表达利益诉求、对政府风险政策进入公众视野的议程设置和促进公众对风险传播的参与等。媒介对风险的持续关注和传播、公众通过多种方式参与风险政治并得到政府的积极回应等因素，共

---

① 马凌：《新闻传媒在风险社会中的功能定位》，《新闻与传播研究》2007 年第 10 期。

② 孙玮：《风险社会中新闻媒介的社会角色》，《当代传播》2011 年第 1 期。

③ 郭小平：《风险社会的媒体传播研究：社会建构论的视角》，学习出版社 2013 年版，第 38 页。

④ 彭彪：《传播新技术的社会风险及其治理》，博士学位论文，武汉大学，2009 年，第 5 页。

同推动了我国的风险政治沟通和公共决策的进步和变迁。[①] 曾繁旭、戴佳等通过一系列的研究指出，中国风险传播中存在着“必然的沟通败局”，这种结果既与媒介对风险的建构和放大、风险传播中的专家的知识垄断有关，而最本质的原因却在于公众对于媒介和政府存在普遍的不信任，公众参与和信任重建才是改善风险传播效果、提高风险管理效率的积极路径。[②]

（5）风险传播中的受众研究

有学者提出，在风险传播中要关注受众的“媒介焦虑”，风险报道要对潜在受众进行必要的心理调适[③]；也有人认为应该在沟通与参与中重建风险传播，即政府、专家和公众都应参与到风险沟通中[④]。媒体对重大突发性安全事件的报道，必须满足受众的资讯渴求、情绪宣泄和精神支柱需求，承担起自己的社会责任，有利于和谐社会的建设。[⑤] 黄河等人的研究集中讨论了“风险沟通中如何做到以受众为中心”，他们通过梳理受众在风险沟通中的角色变化历程（无知的信息接收者—需要关照的权利主体—合法化的合作伙伴），提出如何让受众真正参与到风险沟通中来，即要“承认受众参与的价值”、要让受众“全程参与”，并要“以对话为主”。[⑥] 这是为数不多的以风险沟通中的受众为对象的研究文献。

还有一些从危机传播角度介入的受众研究，这包括了浙江大学卢正伟2009年的硕士学位论文《公共危机传播中的受众研究》、暨南大学赵燕芳2010年的硕士学位论文《危机传播：变化中的受众及其影响探析》等，虽然危机传播与风险传播并不相同，但这些文献对我们的风险传播

---

① 黄月琴：《风险传播、政治沟通与公共决策的变迁——对两个石化项目迁址案例的分析》，《当代传播》2011年第6期。

② 曾繁旭、戴佳等：《技术风险VS感知风险：传播过程与风险的社会放大》，《现代传播》2015年第3期。

③ 胡忠青：《风险传播与媒介焦虑》，《江汉大学学报》（人文科学版）2007年第6期。

④ 郭小平：《风险沟通中环境NGO的媒介呈现及其民主意涵》，《武汉理工大学学报》（社会科学版）2008年第5期。

⑤ 丁艳艳、刘永：《从受众需求看重大突发性安全事件的报道》，第一届全国安全科学理论研讨会，北京，2007年11月。

⑥ 黄河、刘琳琳：《风险沟通如何做到以受众为中心——兼论风险沟通的演进和受众角色的变化》，《国际新闻界》2015年第6期。

受众研究有一定的借鉴意义。另外，还有风险传播中媒介的社会责任、伦理研究、风险传播感知等。

3. 文献评析

通过对国外风险传播研究状况的梳理我们可以看到，风险传播的研究虽然可以根据主要面向进行分类，但是在每一个类别或者每一个具体的研究中，受众的身份、背景、群属、角色、心理等都会被纳入研究考量的范围。如在受众的风险感知研究中，受众感知所面对的不仅是风险及信息，受众自身的社会群属、道德标准等都会影响受众对风险的选择和判断。①媒介的功能研究中，则在关注媒介建构、放大社会风险的同时，受众将会产生何种反应，如“媒体的风险信号与受众的认知、心理、文化等之间的互动”②“高密度的媒体报道会激发社会动员”③ 等。一方面，这些研究中的受众研究构成可为我们进行受众分层研究提供有益的学术指导和丰富的学术资料；另一方面，这种分散的受众研究，也为我们进行系统研究提供了相应的空间。

国内的风险传播研究主要集中于政府、媒介一边倒的传者角度，无论是业务研究、理论研究、功能研究和管理研究，都将研究的重心放在了信息控制、把关传播的面向上，仅个别研究将受众置于风险沟通中重要的互动群体之一，但是将受众作为研究主体的文献比较少。这可能一方面源于国内的风险传播研究还主要地停留在介绍、借用西方的研究范式的阶段，对风险传播中的创新性研究还远远不足，更无暇顾及难度较大的受众研究；另一方面源于中国特定的新闻传播机制：中国的新闻传播事业从本质上讲是党和政府的喉舌，这决定了在有关风险这个敏感话题的关注上，受众可能不是媒介传播的关注焦点。但总体而言，中国的

① ［美］保罗·斯洛维克：《风险感知：对心理测量范式的思考》，载［英］谢尔顿·克里姆斯基、多米尼克·戈尔丁编著《风险的社会理论学说》，徐元玲等译，北京出版社 2005 年版，第 102 页。

② ［美］珍妮·X. 卡斯帕森、罗杰·E. 卡斯帕森等：《风险的社会放大：15 年研究与理论评估》，载［英］尼克·皮金、［美］罗杰·E. 卡斯帕森等编著《风险的社会放大》，谭宏凯译，中国劳动社会保障出版社 2010 年版，第 4 页。

③ ［美］罗杰·E. 卡斯帕森：《风险的社会放大效应：在发展综合框架方面取得的进展》，载［英］谢尔顿·克里姆斯基、多米尼克·戈尔丁编著《风险的社会理论学说》，徐元玲、孟毓焕等译，北京出版社 2005 年版，第 187 页。

大众传媒有自身的社会、政治特点，已有的研究为我们认知国内风险传播现状提供了丰富的资料基础，也为我们展开受众研究提供有益的方向性指导，即受众对信息的需求，一方面需要考虑受众自身所处的层级，另一方面还必须考虑中国的传播体制和文化环境。

（二）受众分层文献综述

受众分层，来自“社会分层”的概念启发，加上国内现有的一些根据社会分层理念对受众进行分层的尝试，这些共同构成了风险传播中“受众分层”研究的核心概念来源。同时，国内外已有的受众研究也是我们开展受众分层的重要的理论支援和知识库存。

1. “社会分层”的概念启发

分层是一个地质学的概念，指地质构造的不同层面。“分层”概念被引入社会学领域，“用意在于采用地质中的分层现象比喻人类社会各种社会群体之间的层化现象”①。

社会分层的现象古已有之，古希腊的柏拉图就曾根据社会分工将社会分成统治者、武士、农人（工匠）三个阶层。② 而系统的社会分层研究则始于近代西方资产阶级经济学和社会学，学者们用“分层”这一概念来分析社会分化的纵向形态，提出了社会阶级、阶层的概念，即社会分层，“用以指称由于经济、政治、社会等多种原因而形成、在社会层次结构中处于不同地位的社会群体”③。也有学者认为，“社会分层是指社会成员、社会群体因社会资源占有不同而产生的层化或差异现象”④。

西方的马克思主义和新马克思主义的社会分层思想主要以经济因素、即生产资料的占有为分层的标尺，新马克思主义还将当下社会环境的历史变化纳入考察因素；韦伯及新韦伯主义社会分层思想则提出了阶级划分的多样性，以财富、权力和声望作为分层的标尺；而涂尔干及新涂尔干主义的社会分层思想更注重社会职业——以社会分工为标尺考察社会

---

① 李强：《社会分层十讲》，社会科学文献出版社2008年版，第1页。

② ［古希腊］柏拉图：《理想国》，张竹明译，译林出版社2009年版，第116页。

③ 青连斌：《阶层：社会学的研究与界说》，《学习时报》2006年2月13日第6版。

④ 李强：《社会分层十讲》，社会科学文献出版社2008年版，第1页。

分层。

借鉴西方的社会分层理论，中国学者对社会分层也有丰富的研究。当代中国有关社会分层的研究，主要是以职业为划分标准的。社会学家仇立平指出，“职业的内涵不仅仅是职业的社会声望评价，而且是一种社会地位的评价指标，它包括权力、财富、声望”，“职业是联系社会阶层深层结构和表层结构的结合点，它一方面与社会阶层深层结构中的财产所有权有关，另一方面又与社会阶层的表层结构相联系”①。

无论是社会学还是资产阶级经济学，“社会分层”的概念给了我们以下的启发：社会分层的本质是指人们的社会地位（阶级、阶层）是高低不同的，是不平等的；社会“层次”的划分暗含了等级差别，也就有了价值判断。但是，“分层”本身来说，它是一个中性词，一种差异化的表达，且这种差异化是可以有层次性的，可能代表了差异的规律性和可描述性。

2. 媒介分层与受众分层的研究尝试

正是社会分层理论中“分层”所暗含的差异性和差异的规律性给新闻传播学研究带来启示和帮助。在西方，与媒介分层问题相关的研究主要由社会学家完成，他们以社会学理论为出发点，关注媒介文化产品与社会分层的关系，把不同媒介提供的文化趣味与社会阶层联系起来。②

比利时学者罗杰·克劳斯在研究媒介信息的受众到达情况时，以广播电视为例构建了受众到达情况模型，该模型将依据信息到达的不同层级，将受众到达情况由宽泛至精准依次归放在“提供的讯息—可接收的讯息—接收的讯息—注意到的讯息—内化讯息”的框架中，这一原理适用于大部分的受众分层。③ 而且，克劳斯在对不同层次的受众展开分析的过程中，指出影响受众层级分布的因素有：“所居住的接收讯息的地理区域，是否拥有必要的接收装置，购买或租借出版物等；同时也由其文化

① 仇立平：《职业地位：社会分层的指示器——上海社会结构与社会分层研究》，《社会学研究》2001 年第 3 期。

② 黄斌：《当代中国媒介分层研究》，硕士学位论文，华中师范大学，2006 年，第 1 页。

③ ［英］丹尼斯·麦奎尔：《受众分析》，刘燕南等译，中国人民大学出版社 2006 年版，第 63 页。

程度以及是否拥有其他一些必要的节能等因素来决定”①。

国内也有许多学者借助于社会分层的概念和理论对受众展开分层研究。徐敏等人将受众按照年龄、性别、职业、文化和收入五个指标进行分层，并以杭州为例来观测都市不同受众层的媒介接触状况。② 程士安从分众化的角度提出受众的精细化分层，即在原媒介分众化的基础上，结合受众的流动性、社群性等进一步进行多层分级，从而使大众传播向精细化分层的受众向定制化小众传播发展。③

有学者认为社会分层即职业地位的分化。④ 邢虹文博士即以职业地位为标准对受众进行分层，并研究了不同层级的受众的电视媒介接触偏好，认为不同社会阶层在电视媒介接触上存在着明显差异，这些不同受众之间围绕电视媒介的差别，深刻体现了品味文化的分布。⑤ 阎佳畅提出“社会分层参与”的概念，这是一种以社会学的社会分层方法对媒介受众进行集合划分，在这种分层基础上对该受众群体构成的“群众公共领域”更加有针对地、有侧重地生产媒介产品的过程。⑥

金英提出古籍受众的分层问题，认为“受众分层是指受众群体在传播活动中由于社会身份与阅读趣味差异而出现的层次分化状况”，并将受众分为三层：精英小众、文化大众和普通大众。⑦ 徐来等人从图书营销的角度出发，将以图书为媒介的受众划分为阅读趋零型、目标明确型和营销导向型，探讨图书出版针对三种类型受众的可行发展途径。⑧ 另外，还有一些学者提出从媒介分层的概念发展到受众分层的概念。

---

① ［英］丹尼斯·麦奎尔：《受众分析》，刘燕南等译，中国人民大学出版社 2006 年版，第 62 页。

② 徐敏、方谨等：《都市受众媒介接触情况的分层研究》，《新闻实践》2003 年第 2 期。

③ 程士安：《分众化媒体与精细化分层的受众》，《广告大观》2006 年第 1 期。

④ 仇立平：《职业地位：社会分层的指示器——上海社会结构与社会分层研究》，《社会学研究》2001 年第 3 期。

⑤ 邢虹文：《受众的社会分化与社会认同重构》，博士学位论文，上海大学，2011 年，第 24 页。

⑥ 阎佳畅：《受众分层参与——一种社会学的媒介受众分析》，《广西民族大学学报》2009 年第 6 期。

⑦ 金英：《从受众分层看古籍整理的新趋势》，《中华读书报》2006 年第 11 期。

⑧ 徐来、蔡凤娟：《受众分层视角下的图书受众与图书出版研究》，《出版科学》2009 年第 6 期。

3. 国内外受众研究的理论支援

受众研究是大众传播研究的一个重要构成部分。随着科技的发展、传播技术的进步，现代化的大众传播模式发生了翻天覆地的变化。同样，受众也从过去简单的信息接受者转化成为传受双方的互动主体之一。由大众传播效果研究而引发的受众研究，一方面受到媒介经济的刺激，另一方面也是大众传播事业自身发展的需求。总体上看，西方的受众研究有着较为清晰的脉络和路线，而中国的受众研究基本是在借鉴西方受众研究各种理论的基础上结合国内现实语境（媒介、区域、市场等）而实现的，以中国的新闻传播场域为背景，有关开拓性、系统性的受众研究还不多见。

（1）国外受众研究历史和流派

受众研究一直是西方传播学研究构架中的应有之义。拉扎斯菲尔德提出的传播学理论中著名的“5W”模式中的“受众分析”，为“受众研究”冠上了其在传播学研究领域中的学术名称和学术地位。

从研究历史来看，批判学派和经验学派一直是受众研究的两大分野。以法兰克福学派、文化研究学派和政治经济学派为代表的欧洲批判学派，主张从哲学、人类学和社会学等角度探索传播学和社会、大众及大众文化之间的关系出发，对传播状况进行定性分析和批判，其代表人物为霍克海默、阿多诺和马尔库塞等；而以美国为代表的经验学派，则以实证主义调查为主要的研究方法，通过科学的调查数据来分析传播效果、研究受众，其代表人物为拉斯韦尔、卢因、拉扎斯菲尔德和霍夫兰。这两个学派虽然在学术传统、社会背景和研究方法上表现截然不同，但是他们都生产出了丰硕的研究成果，且从理论到实证等互为补充，传播学理论体系中著名的魔弹论、有限效果论、两极传播理论、意见领袖理论、沉默的螺旋等都来自这两个学派。在这些研究中，受众等同于大众，他们是无特性的一盘散沙的个人的集合体。

关于受众的研究传统和取向，西方则存在着两种较为流行的分类方法。詹森和罗森格伦提出了“受众调查的五项传统”，包括效果研究、使用与满足研究、文学批评、文化研究和接受分析。[①]效果研究注重刺激物（媒介讯息）的构成及对受众和社会的刺激效果；使用与满足研究则“强调受众成员的不同需要、定位和解释活动”；文学批评研究关心讯息或作品的构成；文学研究关注传播中的实际信息和话语；而接受分析则将受众看成是（媒介讯息）意义生产的代理人。麦奎尔的《受众分析》则在此基础上将受众研究分为简约的三类，即结构性受众研究、行为性受众研究和社会文化性受众研究。[②]在麦奎尔看来，结构性受众研究源于媒介工业的需要，通过对受众的规模及结构特点和受众接触媒介的规律等的调查和分析，为广告的有效性提供更科学的指导；行为性受众研究的目的，则主要是通过对受众行为的研究和了解为提高媒介的传播效果服务；社会文化性受众研究则认为受众接触媒介是有自己的选择性和主动性的，他们对媒介的接触和使用反映了一种特定的社会文化环境。[③]而麦奎尔自己则选择社会学的视角，将受众的媒介使用置于更广阔的社会背景中来考察，以探讨社会因素如何影响人们的媒介行为及相互之间的互动。

这些对西方受众研究的各种总结和归纳，显示了西方受众研究的基本谱系图景，也反映出其受众研究的成熟性、多元性和丰富性。

（2）国内受众研究脉络与现状

中国对受众的关注和研究，既有新闻实践中自发的重视读者的历史表现，也有受西方传播学研究的启发和带动在近现代新闻传播活动中自觉的理论探究，这些研究广泛地分布在各种各样的传播学基础教程和专著中。

中国最早对受众的关注，可循至1981年5月12日，北京新闻学会副会长安岗在群众来信学术研究小组的首次会议上作的《研究我们的读者》的发言。此后，上海民治专科学校的校长顾执中主持的“上海报纸和上

---

① ［英］克劳斯·布鲁恩·詹森、卡尔·埃里克·罗森格伦：《受众研究的五项传统》，载［英］奥利弗·博伊德·巴雷特等编《媒介研究的进路：经典文献读本》，汪凯等译，新华出版社2004年版，第212—217页。

② ［英］丹尼斯·麦奎尔：《受众分析》，刘燕南等译，中国人民大学出版社2006年版，第23—30页。

③ ［英］丹尼斯·麦奎尔：《受众分析》，刘燕南等译，中国人民大学出版社2006年版，第4—6页。

海读者的调查”，被认为是“中国新闻史上旨在研究新闻理论而开展的大规模的民意调查”①。而中国社科院新闻所在1982年对北京的主要媒体即电视、报纸和广播的传播效果展开了综合调查，主要采用了规范的抽样调查方法，并公开了调查结果，被海内外新闻界评价为我国受众调研的起始点。②此后，随着中国新闻传播技术和事业的发展，国内对国外各种传播学理论专著和受众研究专著的引进和翻译，结合传播理论和实务的发展现状，受众研究更加多元和丰富。

郭庆光在《传播学教程》中对西方的受众理论进行了简单的梳理，进而将受众分为三类：作为“市场”的受众、作为社会群体成员的受众和作为权利主体的受众。③ 作为“市场”的受众是多数媒介机构的基本观点，它主要反映了传媒产业的市场性，具体通过传媒活动的经营性、商品性和竞争性表现出来；作为社会群体成员的受众，分布在不同的社会组织和集团，有着不同的社会背景，他们是群体性而非个体性的；作为权利主体的受众，则在传播中拥有传播权、知晓权和媒介接近权。单波认为，应该在“主体间性”中把握受众，即传者与受众是传播活动中“共生的”两个主体，而非西方受众理论中认为的主体与客体的关系。④学者童清艳是较早对受众进行集中的学者之一，她的《超越传媒——揭开媒介影响受众的面纱》从认知心理学的核心概念——认知结构入手，探讨人们在现代媒体中获取信息的途径和方法，受众作为媒介信息流动的终端之一，其认知结构、认知态度和途径等均表现出相当的主动性和与媒介的互动性，风险传播中的受众在认知结构上更有知识区隔等的不同，因此该研究对于我们展开风险传播中受众研究有着很好的理论指导意义。另外，童清艳的著作《受众研究》更进一步，从受众的基本理论、受众研究意义、受众的媒体素养、受众调查研究和受众的发展五大模块来构建受众研究的谱系图，并认为随着大众媒体的权力越来越多地通过社会化媒体机制过渡到群众手中，受众在媒体选择、媒体接触习惯和内

① 陈崇山、弥秀玲：《中国传播效果透视》，沈阳出版社1989年版，第16页。

② 臧海群、张晨阳：《受众学说：多维学术视野的关照与启迪》，复旦大学出版社2007年版，第3页。

③ 郭庆光：《传播学教程》，中国人民大学出版社2009年版，第155页。

④ 单波：《评西方受众理论》，《国外社会科学》2002年第1期。

容需求方面均不断发生变化，并探讨了在微博、微信等新媒体中测评受众的维度。尤为可贵的是，作者在受众细分的讨论中，也提出了以媒体细分受众和以内容细分受众的概念，这为我们的风险传播语境下的受众研究提供非常有益的借鉴和指导。臧海群、张晨阳的《受众学说：多维学术视野的关照与启迪》主要对国外受众研究做了集中的、深入的爬梳和分类讨论，并在此基础上对中国的受众研究进行了梳理和阶段划分，提出了未来跨学科受众研究的展望，这也与本书对受众研究的跨学科观察有一定的相关性。

根据中国知网的文献搜索，受众研究呈现出更加多元化的面向，例如广告受众研究、不同媒介的受众分众研究、不同身份的受众研究、乡村受众研究、受众媒介素养研究等，尤其新媒体的兴起，也使得研究的视野向新媒体受众研究拓展。

4. 文献评析

从以上的文献梳理中我们可以看到，国内外关于受众的研究都是非常丰富的，不同之处在于，国外的受众研究更加成熟和体系化，研究成果也更丰富多元，他们更注重传播与受众之间的互动；而国内的研究更为具体化，涉及受众研究的诸多面向，例如以媒介分、以身份特征分、以职业分等。这些系统化的研究成果可为本书的展开提供丰富的学术支援，便于我们在风险传播的特殊场域寻找、研究异质化的受众群体。

尤为可贵的是我们看到了有一些零散的受众分层研究，这些研究主要分为三类：第一，直接借用社会学分层的标准和方法，如徐敏研究受众的社会阶层、仇立平研究职业地位分层等；第二，金英、徐来等从市场营销的角度对目标受众进行分层；第三，孙玮、董媛媛等从媒介分层进而深入到受众分层，这种受众细分其实质仍然是分众研究。总体而言，这些研究是将分层理论新闻传播化的有益尝试。

（三）可挖掘的研究空间

根据以上对风险传播与受众研究的文献梳理，我们可以看到，前人的研究既给我们提供了学习和借鉴的有益指导，也为我们的研究留下了一些可供挖掘的空间：

第一，风险传播视域内系统的受众研究是相对亏缺的。前人关于风险传播的受众研究是相对零散的，且常常只是将受众作为研究命题的一个变量，缺乏对其系统的、深入的研究。而受众作为社会中风险分担的最多数，在风险议题中理应尊重其主动性的地位，才能真正提高风险传播、沟通的效率。

第二，国内还没有“受众分层”的系统研究。虽然国内少量的研究提出了“受众分层”的概念，但都是相对简单的概念借用，受众分层的方法相对简单，其实质仍然是分众或受众细分，应用场域也相对狭窄。

第三，国内还没有系统地将受众分层研究与风险传播联系起来的尝试。风险传播对中国来说还是相对较新的命题，尤其是SARS以来，人们对风险传播、危机传播等才开始关注，并在近几年随着风险事件的频发而成为研究热点。风险传播面对的是风险社会的特殊议题，受众对风险的关注渠道、参与程度等都可能会影响到科技决策和风险决策的制定或执行，从分层的角度对风险传播的受众展开研究就显得具有相当的意义。

三 研究思路、研究方法与研究创新

（一）研究思路与框架

“风险传播与受众分层论”主要从理论思辨的角度来探讨风险传播场域中受众与风险传播之间的位置关系，以调查研究作为辅助来观察风险传播与受众分层之间位置关系的变化规律，探寻有的放矢的风险传播策略，最终为提高风险传播的效果和意义服务。本书共分为三大部分八个章节：

第一部分，研究意义及理论框架构建，包含第一章和第二章。

第一章是本书的导论部分。这部分是研究的出发点，将着力于回答以下三个问题：为什么要研究风险传播中的受众？研究空间在哪里？为什么要从分层的角度去研究受众？

第二章主要致力于构建整个研究的理论框架。框架构建的思路主要围绕以下三个问题：什么是风险传播和它的受众？受众分层的依据是什么？受众分层的理论框架是什么？

第二部分，对受众分层展开具体的、深入的研究，包含第三章至第六章。

这一部分在研究推进上表现出类似的平行关系，但也遵从了“客观外在（空间距离）—本质内在（风险自身的知识）—主体决定（受众的心理表征）”的逻辑顺序。

第三章围绕空间距离的维度从以下三个问题展开论证：受众与风险传播的空间关系是什么？受众在风险传播的空间中呈现怎样的层级分布？如何满足不同层级受众的信息需求？

第四章围绕知识区隔的维度从以下四个问题展开论证：风险知识是一种怎样的知识构成？风险传播何以导致受众与其之间的知识区隔？受众在风险知识的区隔之下呈现怎样的层级分布？如何满足不同知识层级受众的风险信息需求？

第五章围绕心理距离的维度从以下四个问题展开论证：什么是受众与风险传播之间的心理距离？影响受众对风险传播心理距离的因素有哪些、心理距离是如何表征的？受众在心理距离的影响下呈现怎样的层级分布？如何满足不同心理距离层级受众的风险信息需求？

第六章则在以上探讨的基础上，进一步探究：风险传播中的受众分层理论如何照进现实？受众所处的不同的距离维度和层级位置，与风险传播之间将有怎样的互动？

第三部分，扩展性的讨论和结论，包含第七章和第八章。

风险传播是一个复杂的、多元化的冲突场域，单一的距离维度讨论是不够的，因此，第七章主要对受众分层做补充性和发展性的讨论，论证围绕以下三个问题：社会距离框架内的三个维度之间的关系是怎样的？“邻避冲突”和“若比邻”效应是如何展开空间意义的抗争而引发受众的极层化的？二者在风险传播中的动力机制是怎样的？

第八章结语部分，主要对研究的结论进行系统性的总结，并在此基础拓展了进一步研究的可能性。

本书的框架如图 1－2 所示：

（二）研究方法

1. 文献研究法

文献研究是“一种通过收集和分析现存的，以文字、数字、符号、画面等信息形式出现的文献资料，来探讨和分析各种社会行为、社会关

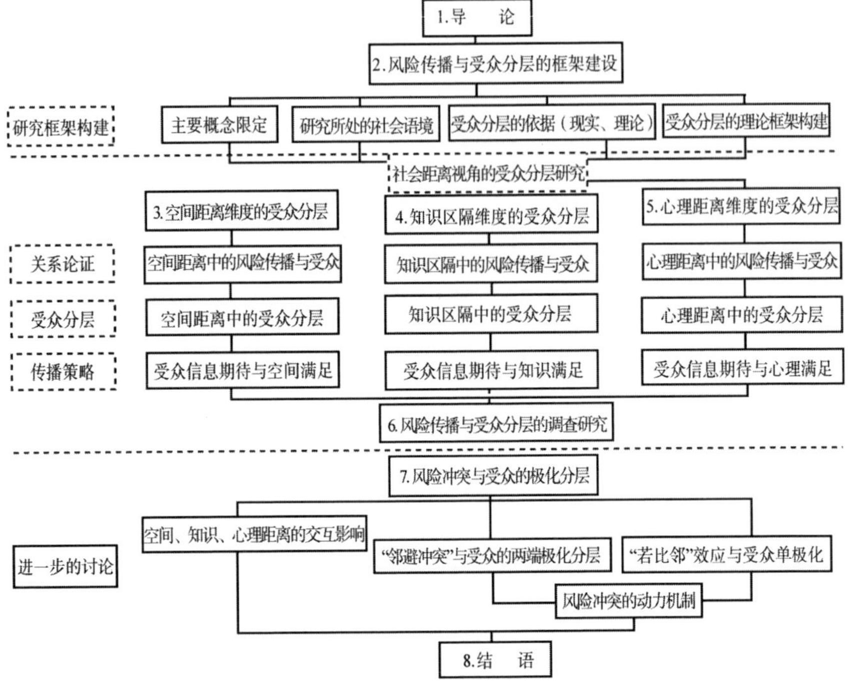

图1－2　"风险传播受众分层论"研究框架

系及其他社会现象的研究方式"①。文献研究主要是通过对已有的二手资料进行分析和研究，是一种常用的、传统的研究方法，"具有明显的间接性、无干扰性和无反应性。"②作为对受众展开理论研究的尝试，本研究大量使用文献研究法来展开论证。首先，有关风险传播、受众、受众分层等概念，我们均是从国内外风险研究、媒介研究和受众研究文献的基础上提出的，并根据研究的范畴对其做了相应的限定。其次，在理论框架的建构中，我们也是对风险文化理论、社会距离理论和解释水平理论的重要文献进行回顾、分析，并在此基础上重构了适合于本研究的理论框架。再次，在关于不同维度的距离进行受众分层的讨论中，我们也根据主题梳理、借鉴了大量的文献知识，论证、支持了理论和观点的合法性。

① 风笑天：《社会研究方法（第四版）》，中国人民大学出版社2013年版，第207页。

② 仇立平：《社会研究方法》，重庆大学出版社2008年版，第239页。

2. 定性资料分析法

资料分析通常是指找出资料中的模式——反复出现的行为、目标或知识体系。① 定性资料分析有多种具体的方法，我们在其中主要运用了：①叙述法：叙述法主要是对理论、事实的陈述和展现，即让资料本身来呈现意义。例如，对媒介化社会的论述，对风险知识的社会构建性的论述等，都采用了这种方法。②例证法：使用经验证据来说明或支撑一个论点。文章中运用了 PX 项目系列事件、SARS 事件、山东疫苗事件等一系列的风险传播的案例作为事实论据支持论点。③分析比较法：分析比较有取同、取异和实力的方法，但本书主要运用了“取异”的方法，这是因为对受众分层的依据即在于其不同层级的差异性。

3. 理论演绎法

所谓理论演绎是指从已有的、一般的理论或概念出发，朝向具体的、特殊的理论演绎、推导。理论演绎是本研究展开讨论的基础。首先，风险文化理论、社会学的社会距离理论、心理学的解释水平理论和传播学的关系理论等都有着各自成熟的体系构建和解释意义，而风险传播的受众研究是我们将要展开的一个狭义的、具体的讨论命题。风险的文化理论告诉我们，人们所看到的取决于他们所处的位置。社会距离理论主要包含了时间距离、空间距离、心理距离等维度，且这些社会距离都被齐美尔分成了远距离、近距离和中等距离的层次，以表现不同层次之间的亲密关系。而解释水平理论则从时间距离、空间距离、社会距离和假设性四个维度来观察人们的解释水平和心理距离之间的关系。传播理论则为我们展示了传播中人与传播之间的关系具有本质性的基础意义。以上这些理论都是我们构建风险传播中的受众分层理论的启发和来源，使我们可以将社会距离和风险传播科学地结合在一起，并通过远近不同的距离差异来对受众进行分层。所以说，理论演绎法让我们的理论框架构建更科学、更可靠，也更具讨论的可行性。

4. 问卷调查法

问卷调查法是调查者运用统一设计的问卷向被选取的调查对象了解

---

① ［美］劳伦斯·纽曼：《社会研究方法：定性和定量的取向（第五版）》，郝大海译，中国人民大学出版社 2007 年版，第 569 页。

情况或征询意见的调查方法。本研究的问卷调查对象主要指风险传播中的受众，因此，需要根据研究需要对受众进行分层并展开调研，调研分为实地调研和网络调研两类，以期证实或证伪理论假设，并形成对风险传播与受众分层之间关系规律的全面认知和了解。

（三）研究创新与难点

1. 研究创新

本书在借鉴社会距离理论和解释水平理论的基础上，系统地创建了风险传播中的受众分层理论框架，进而展开对风险传播场域中受众的深入解剖和研究。

一是提出受众分层研究的构想。分众传播、受众细分是从传播学、市场营销学的角度对受众进行划分和定位，是基于“维度”的划分，但风险传播中的“受众分层”是与特定风险议题相关而产生的受众群体层级区别研究，是对受众与风险传播之间的关系基于“程度”划分，这是受众研究的新角度。

二是在分层的基础上依据“空间距离（客观外在）—知识区隔（本质内在）—心理距离（主观认定）”的逻辑顺序，系统研究风险传播中不同维度的受众构成、分层及其特点，并提出具有针对性的风险传播策略，对风险传播有着积极的理论意义和指导意义。

三是从关系的视角考察受众在风险传播中的位置及其对于传播的意义。传统的受众研究在传播关系中大多处于弱势地位，传受互动也都是由强势的传者组织赋予的，而本研究从关系的视角提升了受众在以往研究中的“受者”地位，赋予受众在传播关系中决定传播效果的本质性因素的平等地位。

四是提出了风险传播中的“若比邻”效应。“若比邻”效应主要描述了在传统媒体、新媒体和自媒体共同构建的风险传播场域中，经媒介形塑的高频次、复杂化的风险跨越了空间距离，导致受众无论身处何地，都会产生风险如影随形的恐惧感。该效应主要形成于现代新媒体高度发达的风险传播中，造成了受众的单极化聚拢，是受众分层的特殊形态，但在现代社会时有发生，因此具备讨论的传播学意义。

2. 研究难点

一是受众分层框架在理论来源上借鉴了风险传播理论、受众研究理论、社会距离理论、心理学的解释水平理论等，在研究展开和探讨中还涉及社会分层理论、科学与知识、空间理论等多个学科的概念、知识运用和解释，多学科理论知识体系的交叉和综合使用，既是该研究的创新点，也是难点。

二是受众研究是传播学研究中以实证研究为主要方法和方向的研究领域，本书试图从理论演绎、构建和验证的方法来对受众展开研究，这是一种积极的尝试，但也是充满了探索和困难的路径选择。

三是风险议题的构成非常多元和复杂，涉及不同的科技专业领域和社会人群，深度的专业知识区隔对研究风险及风险传播提出更高的知识要求，这既是研究中涉及的重要议题，也是研究中的重要难题。

四是风险议题的讨论，在中国特殊的社会文化背景中有更为特殊的要求，涉及政府经济发展规划、风险治理理念、风险管理政策、风险传播管理和风险事件应对政策等，政府、媒体与受众之间的复杂关联是调查研究需要面对的重大难题。

四　研究的理论价值与现实意义

（一）风险传播中受众研究的理论价值

第一，关注风险传播中的受众，观察“人”和“风险传播”的交流互动，赋予风险景观中的“人”以应有的学术关怀。从理论而言，是对“传播”中“人”的研究的具体化拓展和丰富。

第二，本书借鉴了风险文化理论、社会距离理论和心理学的解释水平理论，依据受众与风险议题的不同距离关系标准对其进行分层，不同于媒介市场标准的受众细分研究，开拓了受众研究的宽度和维度，增添了受众研究新的框架和内容体系，具有一定的理论意义。

第三，本书在风险传播的视域下研究不同层级受众的分布规律和特点，既借鉴国外风险研究中受众风险感知研究的成熟理论，又立足于国内风险传播的现实场景，以期形成有关风险传播的系统性受众分层研究框架和理论，这既补充了风险传播的理论体系，丰富了受众研究的理论体系，也会对其他领域的受众研究产生一定的理论借鉴意义。

（二）风险传播中受众研究的现实意义

第一，对媒介风险传播有积极的指导性意义。在贝克看来，大众媒体拥有界定、构建风险的关键性的社会地位①，但现实中的风险传播却更多重视专家知识和专业权威的“科技范式”逻辑，并与政府、商业等共同构建风险定义与情境，这种以传者需求为目的的风险传播或许是导致受众不信任媒介、质疑风险信息的根源所在。而本书则从距离关系的视角来观察受众，从受众的风险信息需求出发，这可使媒介面对更为明确的目标受众及其信息期待，从而生产出满足受众需求的风险新闻和信息，有效提高风险传播的效率。

第二，对政府风险管理有现实的指导性意义。“民众对于政府和企业等风险管理者缺乏足够的信任，对接收到的风险信息采取一种全然相悖的方式解读”，“这一问题在中国语境下表现得尤为突出”②。所以，对政府而言，了解受众对风险信息的需求、认知层次和状况，可使其详细掌握特定风险议题下不同层级受众的信息需求特征，进而为其制定有针对性风险政策、化解风险危机等提供有益的决策性依据，以减轻风险社会矛盾和危害、维护社会和谐。

第三，对受众风险信息需求有充分的现实关照意义。生活在风险社会中的受众，对风险信息有着特殊的需求和渴望；而本书正是创建了受众分层的理论框架，透过风险社会与媒介化社会的重重迷雾，对风险传播场域的受众展开立体的观察和剖析，切实了解他们的信息需求。对受众而言，这将具有被充分关照的、现实的信息满足意义。

---

① ［德］乌尔里希·贝克：《风险社会》，何博闻译，译林出版社 2004 年版，第 20 页。

② 曾繁旭、戴佳等：《风险行业的公众沟通与信任建设：以中广核为例》，《中国地质大学学报》2015 年第 1 期。

第二章

风险传播与受众分层的框架建设

人所看到的取决于他们所站的位置。①

——玛丽·道格拉斯

一 概念限定与厘清

（一）风险与风险传播

“风险”最早是用于航海业中的词语，指航海途中发生危险的可能性；这里的风险指的是海上可能发生的自然灾害。随着社会的进步，该词又被用于保险业和法律业。1895 年，经济学家约翰·海恩斯在他的研究中认为，风险是损失的概率。随后，风险逐渐地被引入社会研究领域。

现代社会中的风险分布在不同的领域，它们主要包括了自然风险、经济（或金融）风险、社会风险、科技风险和管理风险等。而本书对风险传播的关注，则主要建立在贝克提出的“风险社会”中的风险概念之上：“风险，首先是指完全逃脱人类感知能力的放射性、空气、水和食物中的毒素和污染物，以及相伴随的短期和长期的对植物、动物和人的影响。它们引致的系统地、常常是不可逆的伤害，而且这些伤害一般是不可见的。”② 在贝克看来，风险是伴随着工业社会的产生而产生的，并且

---

① ［英］谢尔顿·克里姆斯基、多米尼克·戈尔丁编著《风险的社会理论学说》，徐元玲等译，北京出版社 2005 年版，第 102 页。

② ［德］乌尔里希·贝克：《风险社会》，何博闻译，译林出版社 2004 年版，第 20 页。

是伴随着工业化的发展而发展的。“风险与针对工业化的各种利弊效用以及技术经济的各种利弊效用所进行的权衡和决策有着紧密的联系。”① 这种带有技术经济决策和实用性考虑的风险不同于自然风险和各种社会风险，它在科学上没有安全性，而对人类社会和生态环境的危害和程度带有“人为的不确定性”。从这个角度来说，风险的社会理论主张，“有争议的风险定义的非实质性，与世界范围内被专家和工业制造出来的风险的实质性是同时存在的。”②

所以，本书“风险传播”中的风险，主要是指伴随着工业社会的发展至今，由于科学技术进步带动社会经济、财富发展的过程中所引起的、可能会对人类社会、生态环境带来的严重负面结果（如危险、伤害或丧失）的概率。说风险是一种概率，符合海恩斯对风险的界定，因为风险并不是业已发生的危害，而是由于科技项目的建设或实施而产生的、存在严重危害的可能性，例如我们讨论最多的风险主要存在于核能技术、化工技术、生物遗传技术以及生态技术等领域及其相关项目的建设与实施中，而当风险演变成现实伤害时，他们也就演变成了灾难、危机等。

风险传播的概念来源于英文的 Risk Communication，对于这一概念，国内有“风险传播”和“风险沟通”两种不同的译法，学者们多根据自己研究的领域和重点来选择使用，有的学者甚至认为两者是相通的。本书立足于新闻学与传播学的专业范畴，主要关注风险的媒介传播与受众的关系问题，因此，本书主要采用“风险传播”的界定，并专指以与风险议题有关的风险项目、风险知识和风险事件等为传播内容的各种大众媒介传播活动。需要指出的是，本书所指的大众媒介，是一个广义的概念，既包含传统的大众媒介（报纸、电视、广播、期刊等），也包含互联网及其以它为基础而蓬勃发展的新媒体、自媒体等。之所以做这样的规定，第一，是因为新媒体和自媒体的发展已经融入整个大众传播生态中，且以其蓬勃发展之势与传统媒介同台竞争；第二，在风险传播中，自媒

① ［德］乌尔里希·贝克：《从工业社会到风险社会（上篇）——关于人类生存、社会结构和生态启蒙等问题的思考》，王武龙译，《马克思主义与现实》2003 年第 3 期。

② ［德］乌尔里希·贝克：《世界风险社会》，吴英姿、孙淑敏译，南京大学出版社 2004 年版，第 5 页。

体、新媒体虽然在传播速度上更快、传播空间上也无远弗届，但面对风险事件和信息，受众仍较多选择信任传统的主流媒体，如报纸、电视等，因此，自媒体和新媒体并不能有效改善风险传播和受众之间的社会距离关系。

（二）分层不是分众：基于程度的考量

说到受众分层，不得不提及两个非常相近的概念：分众和受众细分，二者的含义是相似的但又略不相同。分众，主要用于新闻传播领域，而受众细分，则指的是受众市场细分，主要用于广告营销领域。

美国未来学家托夫勒在《权力的转移》中指出，伴随着媒介技术的发展尤其是电视媒介的普及化，大量的、各种各样的电视节目会将受众“分成越来越多的小团体”，即分众。1985 年由博报堂生活综合研究所出版的《分众的诞生》一书指出：“以划一性为基础的大众社会正在分崩为个别化、差异化的小型群体，这是一种‘被分割了的大众’现象，因而被冠以‘分众’这个新名词。”从新闻传播的角度来看，“分众传播的概念是指不同的传播主体对不同的对象用不同的方法传递不同的信息”[①]。分众传播，是传播者通过对传播技术、传播方式、传播内容等的差异化来吸引不同的受众，这是依据媒介自身特点或内容区别的一种受众划分方式，其划分标准在于传播的内容和形式。麦奎尔从传播学的角度将受众主要分为四类：社会群体或公众、满足群组、媒介或渠道的受众和特定媒介内容的受众。[②] 其实，分众传播还可依据不同标准和类型进一步细分，如可根据节目播出时间分，根据版面阅读习惯分等。

受众细分，与分众传播略有不同。在广告营销理论中，受众细分是营销主体对目标市场或目标受众进行差异化的划分，然后根据市场定位或目标受众群体的区别化特点来制定差异化的营销策略和广告宣传。从广告营销理论的角度出发对受众进行细分，主要依据受众的群体特点或

---

① 冯鑫：《从大众传播到分众传播的媒体“变革”》，http：//news. sohu. com/20041024/n222657710. shtml。

② ［英］丹尼斯·麦奎尔：《受众分析》，刘燕南等译，中国人民大学出版社 2006 年版，第 36 页。

个体特征进行划分，划分的标准在于受众。这与分众传播在划分受众的机制上是有所不同的。从受众细分的角度出发，可以根据受众的年龄、职业、性别、生活习惯等分，还可以在这些基础上再制定更细致的划分标准。

从以上的分析我们可以看出，分众传播、受众细分的主体都是传播者——新闻或广告的传播者，他们根据自己的信息特点或目标市场对受众群体进行以“维度”为标准的划分，“分众”和“细分”都最终是为传播者利益服务的。

受众分层则与分众、受众细分完全不同。首先，受众分层不是单独的概念，而是与风险传播联系在一起的关系概念，是基于受众与风险传播的位置关系、距离关系而存在的一种受众研究框架。其次，受众分层衡量的是受众与风险传播之间的社会距离，是一种基于“程度”的划分。“分层”是为了更加了解受众的信息需求特点，更好地满足受众，是为受众利益服务的，这和“分众”、“受众细分”在本质上是完全不同的。

二　讨论语境：媒介化社会中的风险与风险传播中的受众

（一）风险的媒介化与民众的受众化

对大多数人来说，伴随着工业化进程的现代化的风险，其本体是神秘的、未可知的。“风险议题有赖于媒体的呈现，大众传播提高了风险情境的‘社会能见度’。”[①] 我们对于已知风险的各种知识和信息，主要来自媒介的构建和传播；当有关风险的各种信息经由媒介传播到民众那里的时候，社会意义上的民众又都成了传播学意义上的受众。

1. 媒介化社会的兴起

随着媒介技术的进步，现代社会的媒介系统不仅再现、建构和传播信息，它们还以独立或合作的姿态参与、影响社会发展和变迁。正是从这个意义上讲，丹麦学者施蒂格·夏瓦认为，“今天我们正经历着愈演愈

---

① 郭小平：《风险传播研究的范式转换》，中国传播学论坛，深圳，2006 年 8 月，第 102 页。

烈的文化和社会的媒介化”[①]。

“媒介化”的概念最早是由瑞典学者爱普在1986年明确提出，用以“观察政治新闻报道如何影响政界人物公开发言的内容”[②]。政治媒介化是西方社会讨论较为集中的领域，这可能是源于西方社会政党政治与媒介较为密切的互动关系导致的。

随着媒介技术的发展和传播与社会之间关系的日益密切，媒介越来越多地渗透到社会生活和各种各样的专业化领域中，对媒介化的讨论也从“政治的媒介化”逐渐拓展到“社会的媒介化”或“媒介化社会”，更有日益增多的学者将研究置于“媒介化社会”的语境中。那么，什么是媒介化？传统媒介理论中认为媒介是“中介”与所谓的“媒介化”又有何不同呢？

2008年，国际传播学会主席索尼亚·列文斯通发表了题为“论所有事物的媒介化”的任职演讲，认为现代社会是一个“所有事物媒介化”的时代。夏瓦的研究也指出，媒介化“关注包括个人与组织在内的不同社会角色之间社会交往和关系的变动模式”，它反映的是“媒介、文化和社会三者的互动以及日益增强的相互依赖性”[③]。而Couldry则认为，“媒介化”主张的是一种动态关系，它更着重在宏观的社会制度或机构层次上，强调媒介不仅介入社会过程，它更重要的影响在于引发了其他社会场域里特定制度化实践内涵的重塑。[④]这些关于媒介化的主张向我们展示了媒介化的特质——动态、互动。正是在这个意义上，戴宇辰提出，“广义上来看，媒介化指代的是这样一种趋势：媒介作为一种制度化要素开始独立作用于社会文化变革，它与之相互交融，并且不断更深入地卷入

---

① ［丹麦］施蒂格·夏瓦：《媒介化：社会变迁中媒介的角色》，刘君、范伊馨译，《山西大学学报》（哲学社会科学版）2015年第9期。

② ［丹麦］施蒂格·夏瓦：《媒介化：社会变迁中媒介的角色》，刘君、范伊馨译，《山西大学学报》（哲学社会科学版）2015年第9期。

③ ［丹麦］施蒂格·夏瓦：《媒介化：社会变迁中媒介的角色》，刘君、范伊馨译，《山西大学学报》（哲学社会科学版）2015年第9期。

④ Couldry. N, “Mediatization or Mediation? Alternative Understandings of the Emergent Space of Digital Storytelling”, *New Media & Society*, No. 3, 2008, pp. 373 – 391.

各种领域的变化之中。”[①]

从以上的论述可以看出，“媒介化”是一种动态的、互动的社会过程，而“中介”则仅仅指媒介在信息传递和沟通中的一种静态的、介质性的社会角色；“媒介化”是媒介“中介”角色的演化和发展，伴随这种发展进程，媒介在信息交流中的角色越来越重要，甚至具备了相当的社会权力，“媒介化预示着文化与社会逐渐依赖于媒介及其逻辑，而媒介则融入了文化和社会实践的不同层面。……媒介在其他社会领域中得以制度化过程的同时，媒介自身也获得了一种社会制度的地位。”[②] Schulz 为媒介化的过程提出了四个具有定义意涵的角色：延伸、取代、交融和迁就[③]，这种对媒介化的角色界定真实地反映了媒介与社会互动中角色的延伸和渗透，以及媒介与社会的水乳交融，而非简单的“媒介中介”。也正是媒介对社会的渗透和交融，带来了媒介化社会的形成。

媒介化社会和风险社会同时并存于现代社会。如果说媒介化社会反映了现代社会的交流路径和表现方式，风险社会则表达了现代社会的内在属性和发展本质，两者相互作用而导致了风险的媒介化。

2. 风险的未知性

风险的媒介化取决于风险本身的未知性和隐秘性，大多数受众因此很难直接接触或感知风险，而必然要通过各种各样的媒介信息和知识去认识风险。当贝克宣布风险社会已然来临的时候，他也同时告诉我们现代化的风险不仅难以避免，风险的科学技术性给普通民众认知风险还带来相当的困难和障碍。正是在这个意义上，汪浩认为风险的生产就是，“当进步的文明把潘多拉的盒子揭开却无法回答其中的奥秘时，一切都没有了禁忌，一切也都可以被接触，一切也因此变得不确定”[④]。现代化的风险，其内含的未可知的威胁、威胁的不确定性都支持了风险的神秘性。

---

① 戴宇辰：《走向媒介中心的社会本体论——对欧洲“媒介化学派”的一个批判性考察》，《新闻与传播研究》2016 年第 5 期。

② ［丹麦］施蒂格·夏瓦：《媒介化：社会变迁中媒介的角色》，刘君、范伊馨译，《山西大学学报》（哲学社会科学版）2015 年第 9 期。

③ 唐士哲：《重构媒介？“中介”与“媒介化”概念爬梳》，《新闻学研究》2014 年第 10 期。

④ ［德］乌尔里希·贝克：《风险社会》，汪浩译，巨流图书公司 2003 年版，导读代译序。

第一，“在现代化进程中，生产力的指数式增长，使危险和潜在的威胁的释放达到了我们前所未知的程度”①。社会发展需要技术生产力的推动，可是技术生产力的发展却不可避免地带来风险的威胁；更为可怕的是，这种风险威胁是以未知的形式存在，我们并不知道这些风险有哪些具体的危害，危害的程度、时空延续性又是如何。风险的未知性使其仅存在于专业的、科学的实验和预测框架内，而无法到达普通受众的理解范畴。

第二，现代化的风险是隐性存在而难以感知的。“文明的风险，一般是不被感知的”②，它“是指完全逃脱人类感知能力的放射性、空气、水和食物中的污染物，以及相伴随的短期和长期的对植物、动物和人的影响。他们引起系统的、常常是不可逆的伤害，而且这些伤害一般是不可见的”③。风险的隐秘性决定了普通民众很难直接感知风险，只有经由媒介的解释、建构和传播，风险才具有了被民众所了解和认识的可能。

因此，风险的未知性和隐秘性既是风险自身所具有的本质属性，又是风险媒介化的物质基础——未知的、隐秘的风险与社会的互动需要媒介的参与和传播。

3. 风险的媒介化

风险的媒介化建构形成于媒介的风险传播。风险是什么？风险有怎样的危害可能性？风险包含怎样的科学知识？面对以“未知的”“难以感知”的形态而不可避免地存在且又不断发展的风险，普通民众应如何认知、应对甚至躲避风险后果呢？媒介，是风险信息流动不可逾越的平台，是风险与受众之间意义传达的桥梁。

在贝克看来，各种各样的现代化的风险，必然经由介质到达受众，他们会表现为知识的某种形式，“它们在知识里可以被改变、夸大、转化或者削弱”，“掌握着界定风险的权利的大众媒体、科学和法律等专业，拥有关键的社会和政治地位”④。郭小平也认为，“世界风险社会”构成

① ［德］乌尔里希·贝克：《风险社会》，何博闻译，译林出版社 2004 年版，第 15 页。
② ［德］乌尔里希·贝克：《风险社会》，何博闻译，译林出版社 2004 年版，第 18 页。
③ ［德］乌尔里希·贝克：《风险社会》，何博闻译，译林出版社 2004 年版，第 20 页。
④ ［德］乌尔里希·贝克：《风险社会》，何博闻译，译林出版社 2004 年版，第 20 页。

了媒体的传播语境，传播有利于提高风险情境的“社会能见度”①。大众媒介和拥有话语权力的介质，在风险社会中为受众传播着关于风险的各种信息；换句话说，风险都是经由媒介传播而到达受众的，它们需要与那些组成了风险独特的、变动的实在定义的信息、沟通和规范相联系。

在风险社会中，媒介的功能还不止于此，媒介可发挥的力量还不仅仅在于对各种风险有关知识和信息的机械复制、扩散，更在于它们在传播过程中对主体的建构和赋予意义。在贝克看来，大众媒介拥有对风险的话语权，有关风险的知识“可以随意被社会界定和建构”②。格拉斯纳也认为，“任何有关风险的讨论都既是关于文化、组织、认识、控制和活动的，同时也是关于风险是如何被专家建构的”③。所以，我们所处的风险社会，是叠加在“媒介化社会”的基础之上的，风险的媒介化符合“媒介化社会”的基本逻辑语境。如庹继光所言，“当代的社会风险，大多是由传媒的信息传播行为呈现出来的，因而是典型的‘呈现性风险’，或者说‘媒介化风险’”④。风险的媒介化是现代社会的一个重要特点。也正是在这个意义上，芭芭拉呼吁“风险的语言应从原来的计算特质转变为一种媒介化的特质”⑤。不仅如此，“风险媒介化的不可见性使之在通过专家意见塑形公共争论方面如鱼得水……它标志着大众传媒在这种解释中的参与，表明大众传媒也是一种制造风险的技术”⑥。

4. 媒介人：民众的受众化

伴随着整个社会和文化的媒介化，生活在现代社会中的人，也不可避免地成为与社会、媒介互动的主体参与者之一。正是从这个意义上，孟建等人认为：“媒介化社会从其本质上讲，意味着人的媒介化，或者

---

① 郭小平：《风险传播研究的范式转换》，中国传播学论坛，深圳，2006 年 8 月，第 102 页。

② ［德］乌尔里希·贝克：《风险社会》，何博闻译，译林出版社 2004 年版，第 20 页。

③ ［英］芭芭拉·亚当、［德］乌尔里希·贝克等：《风险社会及其超越：社会理论的关键议题》，赵延东编译，北京出版社 2005 年版，第 160 页。

④ 庹继光：《拟态环境下的“媒介化风险”及其预防》，《新闻知识》2008 年第 2 期。

⑤ ［英］芭芭拉·亚当、［德］乌尔里希·贝克等：《风险社会及其超越：社会理论的关键议题》，赵延东编译，北京出版社 2005 年版，第 2 页。

⑥ ［英］芭芭拉·亚当、［德］乌尔里希·贝克等：《风险社会及其超越：社会理论的关键议题》，赵延东编译，北京出版社 2005 年版，第 28 页。

说，每个人都是在媒介深刻影响下的‘媒介人’，对于生活在媒介化社会中的人来说，不仅对于世界的想象主要由媒介来构建，其思维方式、个体意识也烙上了媒介化的烙印。”① 媒介化的人，正是我们传播活动中的受众。

同理，风险社会中的人，无一例外生活在各种各样经由媒介搭建的、拟态的风险环境中。现代化风险中蕴含的科学知识，常常远超出普通民众可直接观察和认知的范畴，而经由媒介传播的风险知识和信息为他们认知风险提供了便捷、有效的途径；同时，媒介还常常担当起政府、企业、科学和受众之间的互动平台，其自身也作为互动的主体之一参与其中；在此过程中，风险社会中的广大民众，也顺理成章地成为媒介化社会中的“媒介人”——受众。对风险媒介化的研究关注的是风险社会中大众传媒的角色和功能问题；而大众传媒在创造受众群体的过程中，媒体首先当然是工具性的，它们吸引了更多的行动者（受众）参与到风险社会的场域中来的功能也具有极其重要的意义。②

风险的界定和威胁并不是一成不变的，而媒介所承担的角色，也不仅是简单地机械复制和传播各种风险信息，他们还会因自身立场、利益和建构便利性而对风险进行不断修饰、调整，甚至引导。因此，“在个人还不具备以科学的、理性的态度和方式处理风险时，具有‘风险’的自由已经强加在了公众身上。人们‘自由’地迷失于媒介提供的各种风险报告”③。无论人们接收风险知识和信息是主动的还是被动的，他们都一无例外地成为风险传播场域中的受众。

（二）差异解析：大众受众与风险传播的“满足群体”

风险传播是大众传播的有机组成部分。用“风险”一词对传播进行限定，代表了一个特定内容统领下的传播场域，这一场域中的传播活动

① 孟建、赵元珂：《媒介融合：粘聚并造就新型的媒介化社会》，《国际新闻界》2006 年第 7 期。

② ［英］芭芭拉·亚当、［德］乌尔里希·贝克等：《风险社会及其超越：社会理论的关键议题》，赵延东编译，北京出版社 2005 年版，第 35 页。

③ 全燕、申凡：《媒介化生存下“风险社会”的重构与反思》，《国际新闻界》2011 年第 8 期。

从形式、形态到传播流程、规律均符合大众传播的基本要求和特点，但由于传播议题的特殊性，风险传播中的受众与大众传播中的受众既相互重叠，又相互区分。

在麦奎尔看来，受众，既是社会环境的产物，也是特定媒介供应模式的产物。[①] 受众，主要指大众媒介传播的目标对象群体；受众群体的发展，也伴随传播媒介的发展而不断扩充；美国芝加哥学派的早期代表赫伯特·布卢默经分析后认为，“大众传播的受众无疑就是大众本身，受众具备着大众的一切特点”[②]，它是伴随现代工业化城镇社会发展的受众集合体。所以，随着媒介技术的不断发展，“受众”这一概念的内涵和外延也在不断发生变化，但是，由于研究和使用的惯性使然，人们说到受众这一概念的时候，如不做特别限定，则主要仍然是指大众受众。所以，我们一般讨论的受众，是一个“Mass”的存在，即全员的、整体的存在，这些受众具有众多、分散、匿名、流动和异质的特点。在大众传播中，受众的概念是指传播流程中信息的接收者，这一概念忽略媒介差别、地理差别、文化差别、兴趣差别等任何影响受众信息选择的因素。所以，大众传播的受众是一个笼统的称谓，指称混沌样态下的受众，是包含各种信息需求的信息接收者的总称；大众受众“对媒介的需求和兴趣往往十分广泛，并且从共同的社会特征中取得和谐统一”[③]。

与大众受众相比，风险传播的受众群体范围更小，目标对象性也更明确。在风险传播中，并非所有的大众受众都会关注到风险信息，也并非所有的大众受众都会对风险信息产生强烈的兴趣，甚至可能当风险信息传播的时候，大众受众中存在因种种缘故并不能接收到相关风险信息的人群——尽管这些风险信息也许与所有的社会成员都有着紧密的关联性，所以，风险传播的受众，主要是指风险类信息内容传播的目标对象群体。

---

① ［英］丹尼斯·麦奎尔：《受众分析》，刘燕南等译，中国人民大学出版社 2006 年版，第 2 页。

② ［英］丹尼斯·麦奎尔：《受众分析》，刘燕南等译，中国人民大学出版社 2006 年版，第 3 页。

③ ［英］丹尼斯·麦奎尔：《受众分析》，刘燕南等译，中国人民大学出版社 2006 年版，第 41 页。

在风险传播中，受众因对风险的无知、失控、关注等而产生恐惧心理，从而加剧了他们对风险信息这一特定内容的需求感，这一受众群体似乎更应被称之为“满足群组”。在《受众分析》中，麦奎尔用“满足群组”来指称基于与媒介相关的兴趣、需求与偏好等多种可能性而形成或重组的受众。为什么用“群组”一词呢？这首先是因为麦奎尔认为运用内容标准是对受众进行分类的方式之一；其次，“群组”意味着受众是一种典型的由分散的、彼此不相干的个体组成的集合。所以，满足群组可以由特定的信息需求或需求的类别来进行判定；同时，“作为满足群组的实际受众的构成，总是处于变动之中”①。与这一界定相关的另一个概念是赫伯特·甘斯提出的“品味文化”，品味文化不是一群人，而是一组相似的媒介产品——一种表现形态和表达风格的产物，一种意欲与各种细分受众的生活方式相匹配的类型。②

第一，二者的信息需求不同。

对于大众受众而言，大众媒介为受众提供多元化的信息内容，满足了所有受众千差万别的信息需求，这些需求超越了人们基本的生存需求，属于精神需求的范畴。我们阅读报纸、听看新闻报道，最主要的目的是了解各类社会动态，满足我们学习和发展自我的精神追求。所以，大众受众的这种信息需求更宽泛、更多元，充满异质性。

而风险传播中的受众，其信息需求则建立在“安全”需求的基础之上，这种需求存在于马斯洛所称的人的基本需求的范畴之内。从需求的层次而言，安全需求是仅次于生理需求的心理需求，这种需求更基础，但更重要。听闻和面对风险时，受众对安全信息的需求主要源于他们感受到的生命和健康所可能面临的威胁，这种威胁在某些情况下还有进一步恶化、发展的可能；或者这种威胁危及的不仅仅是个体生命，也有可能是一种长期的、不可预见的，甚至是危及后代的风险。受众对风险的恐惧越强烈，他们需求安全信息的渴望就越强烈。面对同一风险，这种

① ［英］丹尼斯·麦奎尔：《受众分析》，刘燕南等译，中国人民大学出版社 2006 年版，第 43 页。

② ［英］丹尼斯·麦奎尔：《受众分析》，刘燕南等译，中国人民大学出版社 2006 年版，第 43 页。

基本的安全需求将会推动受众跨越个体差别，而使其信息需求具有相当的趋同性。

第二，二者的内部机制不同。

在大众传播中，受众“是一种典型的由分散、匿名的个体所组成的非常庞大的集合体”①；面对各种不同的传播媒体，受众可以根据自己的习惯选择便利的媒介，并根据自己的喜好、兴趣等选择不同的信息内容；受众个体之间、群体之间几乎不需要有关联，所以，受众内部呈现一种非人格的关系，即作为一个多元化、非稳定的群体，受众内部个人与个人、个人与群体之间保持一种非个人的、不受个人情感和偏见影响的关系。同时，受众与媒介之间的关系亦是如此。

但是，在风险传播中，受众虽然可以通过不同的传播媒体接收、交流信息，但由于他们需面对共同的风险议题，所以在他们对生命安全信息的寻求中将会剥离职业、身份等社会角色，而共同体感风险带来的威胁，这种共同的信息需求、交流渴望使得受众内部产生情感的共鸣和交流，这种情感也同样会影响到受众对媒介的态度和情感。所以，在风险传播中，受众内部的个体与个体、个体与群体，受众与媒介之间呈现人格化的关系。

第三，二者与传播内容的关系不同。

伴随社会文明的不断进步和传播技术的不断发展，大众传播的形式、内容也随之不断更新、扩充和多元化。在日新月异的传播生态中，大众受众作为其中重要的组成部分，他们具有分散的、匿名的、庞大的群体特征，是社会背景、教育程度、兴趣爱好、媒介使用惯习等各不相同的个体、群体和组织，也因此受众对传播内容的兴趣和需求往往十分广泛。所以，在大众传播中，受众和内容之间的关系是随机的、松散的，这也是现代大众传播内容不断细分、丰富的内驱力，是传播期待满足所有受众信息内容需求所做的努力。

而风险传播中的受众，则更像是麦奎尔所认为的“满足群组”。满足群组，“用来指称基于与媒介相关的兴趣、需求与偏好等多种可能性而形

---

① ［英］丹尼斯·麦奎尔：《受众分析》，刘燕南等译，中国人民大学出版社 2006 年版，第 8 页。

成或重组的受众”，“由特定的需求或需求类别来判定”[①]。风险传播中的受众，他们因“风险”而共处于特定的议题之下，在对信息的渴望、学习、交流和互动中，个体的社会背景、教育程度、兴趣爱好虽会影响其对风险议题的了解取向、深度，但不会影响其对风险议题的关注，且会因风险传播内容的变化、波动而产生近似的社会反应。所以，在风险传播中，受众与传播内容之间的关系是特定的、紧密的，除非风险发生变化且趋于减轻、去除的方向，受众与内容之间的紧密联系才会有所松动和改变。

三　位置与风险传播——风险传播中受众分层的依据

在风险社会中，风险议题的分布庞乱复杂。依据风险不同的性质、存在空间和影响群体，风险在现代社会中或同时并存，或此消彼长，或长期存在。风险的存在样态及场域决定了风险传播的样态和空间。

在风险传播场域中，受众的弱势地位是传播失效的重要因素；只有切实了解受众，了解不同受众群体与风险传播的关系，了解与风险议题关系不同的受众面对风险传播的信息需求和态度，才能切实提高风险传播的效率，增强风险传播的效果。那么，受众在风险传播中与风险、风险传播的关系为何？这种关系如何反映出受众在风险传播中的层级分布？受众分层的标准又是怎样的呢？

位置是一个物理学名词，它指物体某一时刻在空间中的所在之处。在风险传播中，受众的位置主要是指受众在地理空间、文化情境和心理场域等中的空间处所。简单而言，受众的位置决定了其与风险议题及风险传播之间的距离关系。虽然受众是信息传播的目的地，但风险传播中的受众会因这种位置、距离的不同而呈现出与风险传播不同的关联样态。

（一）关系的视角：风险传播与受众的位置关系

芝加哥学派传播思想奠基人库利认为，communication“是人的关系

---

① ［英］丹尼斯·麦奎尔：《受众分析》，刘燕南等译，中国人民大学出版社 2006 年版，第 41 页。

发展的一种机制——包括心理的一切符号，加上在空间里传达这些符号的手段……”[①] 彼得斯也认为他的传播理论“关注点都是社会组织中‘我’与‘他’、‘我’与‘我’、‘近’和‘远’的关系”[②]。法国学者多米尼克甚至明确提出传播的目标就是“要寻找与他人的关系”[③]。这些论断都向我们指出了传播理论研究的本质核心：关系。而传播与人的关系，是传播中最基本也最重要的关系，因为它将反映传播的本质目标和意义——信息是否经由传播到达受众，传播的效果是否实现。传播的过程，就是在构建、反映和连接各种各样的关系；传播技术的发展，也同样牵动了各种关系的发展。传播活动不仅反映传者、媒介和受众的互动关系，传播还同时勾连了政府、组织团体和处于不同时空的群体间的各种各样复杂的社会关系。正如陈卫星在《传播的观念》中指出的，“传播不仅表达也组织着全球化运动，并通过各种手段在增殖和结构其中的相互连接。它不但表现而且控制着所有传播连接中的想象的意义和方向”[④]。连接所表达的即是关系，而传播中则包括了各种各样的关系及意义。

同理可知，风险传播中亦存在着各种传播关系：风险、政府、科学、企业、媒介和受众等共同组织、构建和发展了风险传播各主体之间、主客体之间的社会关系，这种关系是立体的、交叉的和复杂的。本研究提出的风险传播中的受众分层，则是选取了多种关系中的一种：位置的关系——风险传播和受众之间的位置关系；这里的位置不仅仅是地理学上的位置，而且同时包含了社会意义上的位置，即后文要说的在风险知识领域的不同位置、由个体主观所决定的心理位置等。在风险传播中，风险议题是一个不能回避的关键词，传播和受众的关系是基于风险议题的关系，而风险传播与受众的位置关系也是以风险存在、发生的位置为基础的关系。

---

① ［美］彼得斯：《交流的无奈：传播思想史》，何道宽译，华夏出版社 2003 年版，第 8 页。

② ［美］彼得斯：《交流的无奈：传播思想史》，何道宽译，华夏出版社 2003 年版，第 8 页。

③ ［法］多米尼克·吴尔敦：《信息不等于传播》，宋嘉宁译，中国传媒大学出版社 2012 年版，第 18 页。

④ 陈卫星：《传播的观念》，人民出版社 2004 年版，第 7 页。

虽然新媒体的发展打破了信息传播的时空局限，但由于风险议题的特殊性和多元性，一方面有的风险仍具有显著的空间分布特征（如核项目建设、化工项目建设等），另一方面受众对于不同风险议题的关注程度与个体性特征紧密相关，所以，风险传播与受众之间的位置关系依然存在，只不过这种位置关系不仅仅是空间距离的反映，而是包含空间距离在内的多种社会距离的反映。

综上所述，风险传播与受众分层研究即以二者的位置关系为切入点，来考察传播和人的关系；距离是测量两点之间位置的几何指标，风险传播与受众的位置关系是以距离远近为具体反映的。同时，本研究的位置关系视角，是一种抽象的位置关系，是包含了地理的自然空间和相对的社会空间在内的空间内位置间距离关系；在空间维度的选择和确认上，我们需要从现实出发，结合理论关照的可能性来共同探寻。

（二）受众分层的现实依据

风险传播是以传播的对象内容为依据将其从大众传播中分离出来的，但它在传播机制、传播样态上与大众传播是相同的，即有关风险的各类新闻及信息经由各种组织及媒介传播出去。在风险传播的现实图景中，受众对风险传播的关注度、认知度是有差别的，这既可能因为受众与风险未必在同一空间，可能缘于风险实在难以理解，也可能是多种因素的交叉影响，而最终决定权则在于受众个体的心理主观选择。

1. 空间对应的或然性

在社会现实中，风险、风险传播和受众在空间上的对应性是随机的、或然性的。“现代化的风险出现在地理上特定的区域，同时，它也是非特定的、普遍的”[①]。在现代社会中，风险总是存在于一定的地理空间，例如核项目、化工项目建设总是选定在一定的地理区域之内；而有的风险存在于较大的地理空间，例如秋冬季节在中国大部分地区出现的雾霾天气、2019 年以来在全球蔓延的新冠疫情等。因此，虽然现代化传媒技术可以令信息无处不在，但这种在特定空间内存在的风险，与该空间的媒介有着地理上的接近性，理论上应首先引起他们的关注和报道，或者新

① ［德］乌尔里希·贝克：《风险社会》，何博闻译，译林出版社 2004 年版，第 27 页。

闻报道针对的是特定空间的风险议题，因此我们可以说，风险传播表现出一定的地理空间性。

同样，身处不同国家、不同区域、不同地方的人们，生活于由历史发展和社会生产而形成的不同的地理空间。受众，作为现代信息社会人类角色的一种，也同样分布于不同的地理空间。这些分布在不同地理空间的受众，受空间延展性和同存性的限制，不可能同时面对世界地理空间内的所有风险，他们所能接触到的风险信息，他们对风险的感知不可避免要受到地理空间的影响，所以，受众的空间位置与风险、风险传播的地理空间并非是完全对应、吻合的。

在风险传播中，受众对风险及风险信息的关注，受受众所在地理空间和风险影响地理空间的双重影响。当受众与风险处于同一地理空间时，风险的影响对受众而言近距离且直接，受众与风险传播也会产生直接而积极的信息流动、互动关系。当受众与风险处于不同的地理空间但受众所处的空间仍会受到风险的影响时，受众与风险传播的关系与风险后果严重性、风险影响的强度成正比例关系变化。当受众与风险处于相异的地理空间且风险不会影响受众时，受众与风险传播的互动将是偶然的、消极的甚至无关的。

2. 风险中的知识壁垒

在现实中，我们总是对许多风险只闻其名，未闻其详；我们对风险怀抱最大的恐惧，却不知惧怕的究竟是什么；即使我们可以通过网络的便利工具搜寻到其专业知识，但是也很难真正理解其生涩的术语和难懂的符号、公式。这就是我们所说的风险的科技化本质在我们面前树起的专业知识壁垒。

现代化的风险是伴随着文明的进程而产生的，而科学技术的探索、进步是风险产生的温床和载体；对于普通受众而言，风险中所暗涵的科学逻辑将他们与风险隔离开来。诚如贝克所言，现代社会的风险“一般是不被感知的，并且只出现在物理和化学的方程式中”①；风险“基于因果的解释，且仅仅是以有关他们的（科学的或反科学的）知识的形式存

---

① ［德］乌尔里希·贝克：《风险社会》，何博闻译，译林出版社 2004 年版，第 18 页。

在”。[①] 例如，有关空气、水和森林污染等问题，有关 PX 毒性讨论的问题，科学的数据、专业的符号，都主要被自然科学的术语和方程式所引导，普通受众对其知之甚少。“有关风险的陈述从来没有简化为仅仅是关于事实的陈述，它包括理论的和规范的内容。”[②] 这里的理论和规范，就是指风险中所包含的科学理论和专业规范。所以，这个角度来说，风险自身所具备的科学性和知识性就是一种天然的屏障，将风险自身与普通公众可接纳的认知范畴区隔开来。

不仅如此，在风险传播中，当风险信息经由大众传媒的介质向受众传播开去的时候，这种知识的区隔再次加深加重。风险在社会中表现的样态“取决于人们的视角和兴趣状况”[③]，风险“在知识里可以被改变、夸大、转化或者消减，并就此而言，它们是可以随意被社会界定和建构的。从而，掌握着界定风险的权力的大众媒介、科学和法律等专业，拥有关键的社会和政治地位”[④]。当大众传媒介入风险的传播的时候，一方面他们需要依赖于专家的科学解释来增加风险报道的科学性（当然，他们会选用自己认为重要的科学知识要素和要点来结构风险报道），另一方面，他们还需要结合媒介自身的立场、信息新闻价值的挖掘、记者自身的业务敏感等对信息进行判断和选择；在某些情况下，风险议题及事件的报道还会涉及政治、经济利益群体之间的对抗和博弈。经过多重阐释主体意见混杂的风险报道，呈现出科学理性和社会理性的杂糅，进一步加深了受众理解的难度，加大了与受众之间的距离。

而风险传播中的受众，是一个因共同关注的内容而形成的“满足群体”，群体成员在年龄、性别、教育背景、职业、生活环境、兴趣爱好等各个方面存在着极大的差异性，导致受众很难对存在于科学领域、经由媒体报道的风险“知识”有准确的了解和清晰的认知。例如，我们的媒介关于 PX 项目、转基因食品等有着大量的新闻报道和专业介绍，但是调查显示，大部分受众仍然无法对这些风险项目的专业知识有所了解，对

---

① ［德］乌尔里希·贝克：《风险社会》，何博闻译，译林出版社 2004 年版，第 20 页。

② ［德］乌尔里希·贝克：《风险社会》，何博闻译，译林出版社 2004 年版，第 26 页。

③ ［德］乌尔里希·贝克：《世界风险社会》，吴英姿、孙淑敏译，南京大学出版社 2004 年版，第 76 页。

④ ［德］乌尔里希·贝克：《风险社会》，何博闻译，译林出版社 2004 年版，第 20 页。

政府和媒介宣称的安全性更是不能认同。因此，在受众和风险传播之间，风险的专业知识和社会构建性知识共同将他们区隔开来。

3. 关注与忽略之间的心理差异

受众是否关注风险，客观存在的各种因素可能都有一定的影响。但是，最终决定受众是否关注风险、如何关注风险的，却是受众个体主观的、对于风险所持有的关注或者忽略的心理差异。Liberman 和 Trope 的研究认为，任何不是“此时、此地、确定、本人（距离零点）”的经历的事件，都属于“心理上有距离”的类别；而“将来、异地、或然性（对距离零点的超离）”，都将使得该事件处于个体心理空间的较远处。①

虽然现代化的风险广泛地存在于我们的社会生活中，且不断有各种因风险建设或议题而引起的群体性事件、危害性事件等出现在我们的身边、出现在媒介报道中，风险总是以我们不能预料和掌控的形式广泛地存在于我们的生活空间中。但是，正是由于空间距离、知识区隔等各种客观原因的存在，以及受众个体性差异，导致不同的受众个体对风险及风险传播持有不同的关注度和认知度——即受众与风险传播之间存在心理表征的差异。

调查显示，当风险事件爆发时，当风险信息经由各种各样的媒介及平台传播开去的时候，总有许许多多的受众——他们有的距离远、有的距离近——会因为人身安全、健康或生存环境受到影响，或担心同类风险对自己人身安全、健康或生存环境造成影响，他们总是热切地关注风险事件的演变、关注风险信息在媒介上的发展，主动、自觉地通过各种途径了解和认识风险及其危害性，因心理上的亲近而对其格外关注，并会对风险及其知识、信息有着较为丰富、充分的了解和认知。但同时，仍然有一定数量的受众对风险漠不关心，对风险事件漠不关心，即使风险来临也漠然处之，他们因心理上的疏远而对风险传播采取无视、忽略的态度，对风险也无法形成清晰的了解和认知。

（三）受众分层的理论依据

风险的文化理论学家道格拉斯认为，人们所看到的取决于他们所站

① 佘升翔、马超群等：《环境风险沟通的心理距离模型》，《系统工程》2012 年第 9 期。

的位置。[①] 在她和维达夫斯基的研究中，他们发现人们在选择害怕哪种风险问题上的公众争议以及明显的认知差异与他们所处的社会形态有关。这些社会形态分别是存在竞争性的、以契约为基础的市场形态社会、社会关系受地位所限制的等级制社会，以及“平等—集体主义”形态，三种截然不同的价值框架共存于复杂社会中而且导致了迥然不同地看待风险的方式。

当人所处的位置不同时，无论这种不同是地理性的还是社会性的，不同的位置之间都会产生距离；同样地，人与群体、人与组织之间出现距离时，不同的人因与群体、组织之间的远近距离不同而产生层次性差异。通过对相关距离理论研究的梳理，我们发现，社会学中的社会距离理论和心理学中的解释水平理论都对我们的研究设想有着指导性的意义，二者中所包含的社会距离的概念也较能表达我们对距离的界定和使用，因此，我们将这二者作为受众分层的理论依据。

对社会距离的研究，社会学和心理学都给予了相当的关注，且社会学家与心理学家对社会距离的讨论呈现出一种交错并存的现象：即社会学家在研究社会距离时，心理距离往往也是必不可少的考量视角；而心理学家在考察心理距离时，社会距离又是不可忽略的重要维度。公认的“社会距离”概念的提出者塔尔德，就既是社会学家，又是心理学家。“社会距离”的这些理论，都为我们从社会距离的角度考察风险传播中的受众分层现象提供了积极的、有益的理论支持。

1. 关于“距离”

距离是时空中的距离。《大辞海》上对距离的解释就是，距离是在空间或时间上的间隔。和空间结合起来，距离就是分布于空间中的对象之间的一种关系描述。距离可以分为定量距离和定性距离。

定量距离又叫度量距离，是指用数值描述的距离，这种距离描述更精确更清楚。在地理学意义上，距离反映了空间物象之间的几何接近程度，空间中任意两点之间的距离可以用欧氏距离公式、曼哈顿距离公式等数学公式予以计算，计算显示了空间中两点之间的准确距离。这种地

① ［英］谢尔顿·克里姆斯基、多米尼克·戈尔丁编著《风险的社会理论学说》，徐元玲等译，北京出版社 2005 年版，第 102 页。

理空间中的距离描述，是基于地理位置的，反映了两点之间的几何接近程度。

虽然定量距离可以精确计算两点之间的距离，但是在日常生活中，除非是基于地理测量的需求，人们对距离的认知，很少依赖于数学公式所要求的坐标体系，而是出于对经济、政治、文化或经验上的需要来描述两个对象之间的距离，这就是定性距离。克莱门蒂尼等人在研究方向关系时提出了定性距离的概念，并构架了研究定性距离的三个要素，即原始对象（Primary Object，PO）、参考对象（Reference Object，RO）和参考框架（Frame of Reference，FofR）；依据这一框架，初级的距离可描述为远和近。以此类推，三级定性距离关系可以描述为远、中等和近，五级定性距离关系可以描述为很远、远、中等、近和很近。①

2. 社会距离理论：社会学的视角

社会距离理论，在西方有着渊远的研究历史和成熟的理论系统。法国社会学家塔尔德最早提出"社会距离"的概念，罗伯特·帕克将其研究从欧洲传入美国并发扬光大。在社会学领域中，社会距离主要被用于研究阶级、阶层、种族和族群之间关系。

（1）欧洲渊源：概念内涵与等级机制的理论支援

对距离的关注，德国哲学家叔本华在《叔本华美学笔记》中就有著名的"豪猪法则"，提醒人们在社交中要保持身体间适当的物理距离。人类学家霍尔也曾对人际交往时人们的身体距离进行测量和划定。对社会距离的研究，则较早地发源于欧洲，可以追溯到法国的塔尔德。

法国社会学家、心理学家塔尔德是"社会距离"概念的首创者，他对社会距离的认识主要体现在他的著作《模仿律》一书中。在塔尔德看来，距离是产生模仿的原因所在，无论是物理意义上的空间距离，还是社会学意义上的心理距离。塔尔德认为，社会变革缩短了阶级之间的距离，减少了阶级资源的不平等。② 他用"阶级之间的距离""社会地位的

---

① Clementini E. , PD Felice, "Hernandez. Qualitative Representation of Positional Information", *Artificial Intelligence*, 1997, 95（2）, pp. 317 – 356.

② ［法］加布里埃尔·塔尔德：《模仿律》，何道宽译，中国人民大学出版社 2008 年版，第 145 页。

高低”等来表示社会中普遍存在的社会距离，并且认为“地位最高、距离最近的人是最容易成为模仿的对象”，“这里所谓距离是社会距离”。虽然塔尔德将距离划分为空间距离和心理距离，但他认为心理上的那个“距离最近的对象”，才会对模仿起决定性的作用，因为“无论陌生人的空间距离有多远，只要我们每天和他有相当多的联系，他就在我们身边”，“这条模仿律可以解释最高级的社会阶层作为模仿对象逐渐而连贯向下传播的性质。地位低的阶级模仿地位高的阶级时，我们就可以推演出一个相关的结论：高低两个阶级的距离缩短了。”① 即模仿导致了“阶级之间的拉平化或阶级界限的消失”②。

齐美尔是研究“距离”的大家，他从众多的社会意义上使用“距离”的概念，包括时间距离、空间距离、“感觉上的距离”、心理距离等（内心的距离），认为“所有的社会关系均可根据距离远近的尺度来加以衡量”③，并从一般意义上指出了社会距离的一些特征及其等级和机制。

齐美尔是将社会距离带入主观性研究视野的第一人。他认为，都市生活是由货币经济导致的社会关系客观化的一种极端形式，要求个体与其社会环境保持一种距离，即要求在人与人之间存在一道“内在的屏障”，“因为都市中拥挤的人群和混杂的交往，若是没有这种心理距离，则就简直无法忍受”。④

齐美尔用圆圈的比喻来描述个体及其环境之间的关系。在他的想象中，个体的自我处在一系列同心圆的核心，而环境中的要素，则根据与自我的距离的不同而依次处在不同的圆中。⑤ 类似地，齐美尔将社会距离分为近距离、远距离和中距离：近距离是指个体间非常熟识、知己知彼；远距离是指萍水相逢、素不相识；而中距离则指相互并不是特别熟悉，相互了解尚不充分。不仅如此，齐美尔还提出了社会信任与社会距离之

① ［法］加布里埃尔·塔尔德：《模仿律》，何道宽译，中国人民大学出版社2008年版，第161页。

② 卢国显：《农民工：社会距离与制度分析》，社会科学文献出版社2010年版，第6页。

③ 成伯清：《格奥尔格·齐美尔：现代性的诊断》，杭州大学出版社1999年版，第162页。

④ 成伯清：《格奥尔格·齐美尔：现代性的诊断》，杭州大学出版社1999年版，第87页。

⑤ 成伯清：《格奥尔格·齐美尔：现代性的诊断》，杭州大学出版社1999年版，第99页。

间的关系。“能够分享秘密的人，就是值得信任的人。”①

戈夫曼的社会距离观念深受齐美尔思想的影响。依据戈夫曼的观点，社会地位的差距是社会距离产生和维系的重要因素，因为不同社会地位的人群之间存在着明显的距离和差异。不同地位的群体，它们之间几乎永远要保持一定的社会距离；通过在场和接触，可以缩小不同地位群体之间的距离。②而群体内部成员如果大家能够分享共同的秘密则会缩小成员之间的社会距离，反之，不能参与秘密分享的成员则会被排除出去而扩大了社会距离。这与齐美尔关于社会距离与社会信任之间关系的论述非常相似。

塔尔德、齐美尔和戈夫曼关于社会距离的研究，对我们研究风险传播中受众分层有着相当的指导意义。首先，塔尔德是运用“社会距离”的概念来描述人与人之间、阶层之间的社会关系，并进而解释模仿产生的规律，其“距离”主要指的是心理上的模仿、接纳和理解；而我们要研究的是受众与风险传播之间的社会关系，这种关系之间也存在心理上的接近、理解和接纳的问题。因此，塔尔德的思想为我们从社会距离的维度探讨风险传播与受众之间的关系起到了很好的启发作用。其次，在风险传播中，受众与风险及传播媒介之间的距离也表现出不同的等级和机制，齐美尔提出的社会距离的等级划分、社会距离与社会信任之间的关系等观点也为我们的研究带来理论和技术上的指导。风险传播中距离的存在导致了受众分层，处于不同层级的受众与风险传播距离的差异也引发了信任危机，甚至导致了风险议题群体性事件的爆发等，齐美尔的理论为受众分层研究提供了更具体和更具操作性的研究借鉴。最后，戈夫曼关于社会距离与社会地位关系的研究，也给我们的受众分层带来有益的指导。受众在风险传播中所处的位置，与其社会地位有一定的关系；而社会地位又与文化程度、职业等密切相关。社会地位的差别，造成了受众对风险传播接触、认知的差别，也是受众分层的动因之一。同时，由于社会距离的存在，处于同一风险传播场的受众构成群体，群体内部分享风险信息，而对群体外成员保持警惕，这在受众的空间分层中具有

① 成伯清：《格奥尔格·齐美尔：现代性的诊断》，杭州大学出版社1999年版，第87页。

② 卢国显：《农民工：社会距离与制度分析》，社会科学文献出版社2010年版，第20页。

相当的理论意义。

（2）美国发展：关系与类型的借鉴和启发

美国对社会距离的关注和研究与芝加哥学派的创始人之一罗伯特·帕克密不可分。帕克早年曾到德国学习，并选修了齐美尔的课程。经过帕克的介绍，社会距离研究传到美国，并在 20 世纪初期，掀起一场“社会距离”的研究热潮。

帕克用“社会距离”的概念来描述种族关系和阶级关系，“种族意识和阶级意识这种术语，指的是人群之间的社会距离”①。在帕克看来，这种距离是存在于集团与个人之间的亲近程度，“亲近程度衡量了一方对另一方的影响。”② 个人之间与集团之间的社会距离越大，彼此间的相互影响就越小。③ 帕克的社会距离观，与齐美尔、戈夫曼一脉相承，认为社会距离是“关于社会地位的现象”，“我们所遇见的每一个人必然会在我们心目中按照某种业已确定的分类规则占据某一个位置”④。帕克从竞争、隔离、适应、文化差异、声望等方面解释距离产生和维持的机制，他认为，竞争、隔离、适应有助于维持社会距离，而地理空间的隔离和交往的孤立、文化差异等都是社会距离产生的重要因素。

在对社会距离的机制进行研究的同时，帕克还将其划分为水平距离和垂直距离。水平距离就是一种扩张和缩小的态度，而垂直距离就是具有地位差别的优越感和自卑感。⑤ 这两种类型的社会距离会依据情境产生竞争和冲突性的倾向，而导致接近与疏远的不同态度去适应情境，进而可能引起距离类型的交替变化。另外，帕克还对社会距离进行了等级划分：“社会接触的不同类型产生了一些确定的等级或差别，不同的接触形式对应着不同的距离等级。”“人们在地球上的位置给我们一个社会接触的空间概念的图画。居住在不同的地区，说明具有不同的生活方式。人

① ［美］刘易斯·A. 科瑟：《社会学思想名家》，石人译，中国社会科学出版社 1990 年版，第 400 页。

② Robert Ezra Park, *Race and Culture*, New York: Published by Free Press, 1950, p. 257.

③ ［美］刘易斯·A. 科瑟：《社会学思想名家》，石人译，中国社会科学出版社 1990 年版，第 400 页。

④ Robert Ezra Park, *Race and Culture*, New York: Published by Free Press, 1950, p. 232.

⑤ 卢国显：《农民工：社会距离与制度分析》，社会科学文献出版社 2010 年版，第 27 页。

口的移动揭示了兴趣认同和社会接触的亲密程度上的差异。”①

帕克关于社会距离与亲近程度的关系，对社会距离的类型、等级的划分等研究都为解析受众与风险及风险传播的距离关系提供了积极的学术指导和启示。在风险传播里，受众的空间分布、知识差异、亲疏程度等社会距离都导致了受众在风险传播中处于不同的位置，进而产生受众分层的现象；反之，信息接触的变化导致距离改变，进而影响受众位置和层级的变化等。帕克的社会距离研究，为我们从更为具体的维度去关注风险传播中的受众分层现象，提供了非常有益的理论支持。

此外，博格达斯进一步发展了帕克的社会距离研究，提出了“社会距离测量法”，彼得·布劳从地位差异导致社会距离进而导致阶层划分，劳曼则指出职业主观社会距离和阶层位置之间的关系，等等。

国内也有不少关于社会距离在社会学领域中的应用和研究，但这些研究大多借用了西方社会距离的主要概念和理论框架，对城市居民和农民工的社会距离展开讨论。这些研究与本研究关系不大，因此不再具体阐述。

3. 解释水平理论与心理距离：心理学的视角

解释水平理论（Construal Level Theory，CLT）是在社会心理学领域中发展起来的纯粹认知取向的心理学理论。解释水平理论认为，人们对认知客体的解释水平会伴随着他们对对象物的心理距离的变化而发生相应的变化，这反映出人们对认知客体的心理表征有着不同层次的抽象程度②，即心理距离会影响人们的解释水平，并进而影响人们对事件的预测、偏爱和行动。③ 这里的心理距离包括了时间距离、空间距离、社会距离和假设性四个距离维度。④ 其中的社会距离作为心理距离的维度之一，

---

① 卢国显：《农民工：社会距离与制度分析》，社会科学文献出版社2010年版，第25页。

② Liberman, N. , & Trope, Y. , “Temporal Construal Theory of Intertem-Poral Judgment and Decision” . In G. Loewenstein, D. Read & R. Baumeis-ter（Eds.）, *Time and Choice: Economic and Psychological Perspectives on Intertemporal Choice* , New York, NY: Sage, 2003, pp. 217 – 240.

③ Trope, Y. , & Liberman, N. , “Construal-Level of Phychological Distance”, *Psychological Review*, Vol. 117, No. 2, 2010.

④ Bar-Anan, Y. , Liberman, N. , & Trope, Y. , “The Association between Psychological Distance and Construal level: Evidence from an Implicit Association Test”, *Journal of Experimental Psychology: General*, Vol. 135, 2006.

它主要是指自我与他人、群内与群外、朋友与陌生人等人与人之间的此类距离。

解释水平理论起源于 Liberman 和 Trope 在 1998 年提出的时间解释理论。该理论认为，人们对处于遥远的未来情况的解释会处于高解释水平，这种解释更抽象，也更符合人们的愿望；人们对未来的解释则处于较低的解释水平，这种解释则更具体、更具可行性。随着研究的深入和发展，他们在 2003 年的文章（《时间解释水平理论》）中指出，虽然他们的研究重点在于时间解释水平，但他们认为，时间距离与解释水平之间的关系机制同样适用于其他的距离维度，这包括空间距离、社会距离和假设性，人们可能形成更高层次的解释水平在更偏远的过去事件和地理位置、关于社会遥远的目标及假设的事件。因此，他们将这些距离维度统一为“心理距离”，把时间解释理论发展成为统一的解释水平理论，并由此将解释水平理论与心理距离联系起来。作为前期研究进一步的发展，Liberman 和 Trope 在 2010 年的文章中直接将解释水平理论与心理距离联系起来，发表了《心理距离的解释水平理论》，将时间距离、空间距离、社会距离和假设性统一在心理距离的框架之下，更为全面和系统地对解释水平与心理距离之间的关系做了讨论，并指出，心理距离的这四个维度之间是相互联系的，心理距离与解释水平之间也是相互作用的，且这些相互作用会影响人们的决策、偏好和行动。

解释水平理论作为一种新的、纯粹的认知取向的心理学理论，在对个体行为差异的观测和探析中发挥了强大的解释力，因此快速发展，且被广泛应用于各类研究，这包括对营销及消费者行为的研究、社会认知研究、决策与协商研究和社会化研究等。其中解释水平理论在社会认知研究中的应用将是我们关注的重点。

解释水平理论在社会认知领域的应用研究对我们有很重要的启示意义。在风险传播中，由于受众所处位置的不同而产生对风险认知的差异化，反映在心理上即“人们对社会事件的反应取决于人们对事件的心理表征，而心理表征具有层次性”①。这为我们以心理距离或社会距离为标

---

① 李雁晨、周庭锐等：《解释水平理论：从时间距离到心理距离》，《心理科学进展》2009 年第 4 期。

尺对受众进行分层提供理论上的借鉴意义。另外，也有学者发现，“人们在预测他人风险偏好时存在系统性的偏差，当预测自己的风险偏好时，人们更多基于自己的心理状态；而预测心理距离较远的抽象的其他人时，人们往往基于风险中性作出预测”①。该理论揭示了人们在社会知觉中存在的“自我—他人”不一致性行为，也为我们研究风险传播中的受众分层提供了科学解释。

四 受众分层研究的理论框架构建

（一）距离的层次性：风险传播与受众的关系模型

位置的差异导致了距离产生，而距离的差异性则导致了距离的层次性。风险传播与受众的位置关系差异导致了二者距离层次性的产生。从受众的角度而言，受众在风险传播中的位置差别，导致了他们与风险传播之间距离的层次性。处于不同层级的受众，看到的风险传播图景、接收到的风险信息、进而产生的风险感知和行为反应都是不同的。齐美尔在“社会学领域”一文中形象地说明，当我们站在不同的距离去观察一个对象时，每次所得的图景都不一样；他断言，站在任何距离观看，并得出结论，都具有自己的正当性。不过，齐美尔强调，并无唯一正确的视角可以保证真相的获得，应当承认不同视角的合法性，并从多个视角去观察问题。②

伴随工业化而来的社会风险分布在高科技、环境、健康以及由此关联于政治、经济和社会领域；风险议题呈现出多学科交叉、专业背景迥异和复杂关联性，这导致每一个具体的风险议题可能都有不同的勾连人群。在风险信息的传播与流动中，信息上游的关注人群出于各自不同的目的性来定义、构建、影响信息的构成和样态，而处于信息下游的接收者，也会因各自境地的不同，产生对信息的关注或忽略、选择性接收或抵制。风险传播中的受众与风险传播之间存在的远近不同的距离层次关

---

① Hsee, C. K. & Weber, E. U., “A Fundamental Prediction Error: Self-others Discrepancies in Risk Preference”, *Journal of Experimental Psychology: General*, Vol. 126, Jan. 1997.

② 成伯清：《格奥尔格·齐美尔：现代性的诊断》，杭州大学出版社1999年版，第91页。

系，决定了受众对风险议题的不同态度和反应，具体而言：受众对风险传播的关注和反应与他们在风险社会中所处的层级有关：受众所处的层级与风险传播距离越近，他们对风险议题的关注和信息需求越高；受众所处的层级与风险传播距离越远，他们对风险议题的关注和信息需求越低。受众与风险传播的距离关系能够反映受众对风险信息的需求特征，进而为风险传播提供有益的策略性指导，并最终为提高风险传播的效率服务。受众与风险传播之间的距离关系如图 2－1 所示：

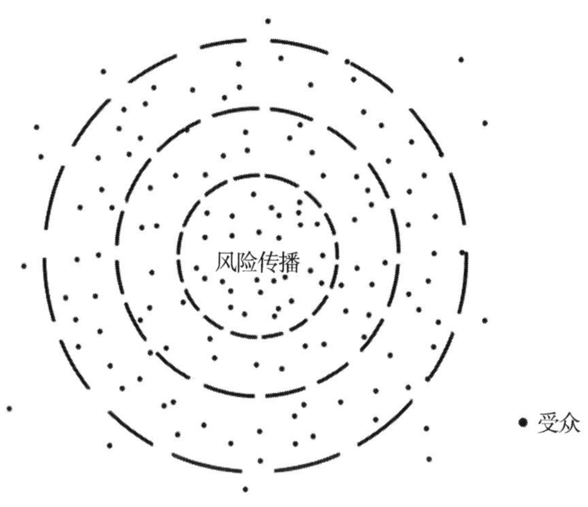

图 2－1　风险传播与受众的关系模型

图 2－1 向我们生动地展示了风险传播和受众之间的位置关系。风险传播是一个由中心向外扩散、传递风险信息的场域，受众则因各种因素的影响和制约而处于与核心信息区域远近不同的层级内：有的与风险传播之间保持了较近的社会距离，有的与风险传播拉开较大的社会距离，有的则居于中等的社会距离。当受众个体在风险传播的场域中产生移动时，他们与风险传播的社会距离就会发生相应的改变，其信息需求也会发生变化。

（二）距离的维度与齐美尔的"三分法"

社会距离理论认为，"所有的社会关系均可根据距离远近的尺度来加以衡量”①，其距离的维度包含时间距离、空间距离、“感觉上的距离”和心理距离等，这些距离的产生和维持与人们的社会阶层（地位）、族群、文化差异等均有关系。社会距离理论中不仅包含衡量关系的维度，还对关系亲疏的程度做了详细的描述。而解释水平理论认为人们对认知对象的心理表征有着不同层次的抽象程度，即心理距离影响解释水平，这里的心理距离则包括时间距离、空间距离、社会距离、假设性的四个维度。我们的论述对象——受众和风险传播之间的关系，也同样存在着类似的维度和程度，即二者之间存在多个维度的距离差异。那么，哪些维度更具有讨论的适切性呢?

在社会距离理论和解释水平理论所有距离的维度中，时间距离和空间距离都具有重要的意义。对应到风险传播中，空间距离是一个重要的维度，因为风险、风险传播和受众都具有空间分布的特定性，而且他们在空间对应性上又是不确定的，正是因为这种空间上对应的不确定性才让我们对受众与风险传播之间的距离讨论具有了意义——寻找空间的重合性并做有的放矢的风险报道。所以，空间距离将是我们所要选取的重要维度之一。时间距离在风险传播上是一个意义不明显的维度，这主要是因为新闻传播基本规律所限制的，新闻报道有其时效性的基本要求，意即受众与风险传播在时间维度上同时在场的，一旦风险传播在时间上无法与受众保持亲密距离，它也就失去了新闻报道基本的价值和意义。所以，我们将舍弃时间距离的考量。

在帕克看来，对社会距离产生决定性影响的，除了空间距离，另外一个就是文化差异，“语言、社会习俗、道德、习惯和理想的变异，像宽广的海洋和广漠的沙漠一样，将人们隔离开来”②。帕克的论断主要基于社会学的考量，但仍给了我们从文化角度思考的启发。从受众和风险传播的关系角度来看，受众个人的知识文化水平和风险中包含的科学知识内涵产生了类似的隔离作用，而且这种隔离在风险传播中直接影响了受众和风险传播之间的、基于知识的位置距离。所以，知识的区隔也将作为受众分层的考量指标之一。

---

① 成伯清：《格奥尔格·齐美尔：现代性的诊断》，杭州大学出版社 1999 年版，第 162 页。

② 卢国显：《中西方社会距离的研究综述》，《学海》2005 年第 5 期。

通过对文献的分析，我们认为，社会距离理论中“感觉上的距离”和心理距离非常接近和相似，都是基于个体主观感觉、判断而产生的距离，所以我们将二者均认定为心理距离。社会距离理论与解释水平理论对社会距离的考察基于不同的角度：社会距离认为心理距离是社会距离的一种，而解释水平理论则认为社会距离影响了心理距离；结合研究主题来看，受众个人对于风险传播的态度也反映、并大大影响其与风险传播之间的距离，进而影响解释水平。因此，我们将心理距离作为衡量受众与风险传播之间关系亲疏程度的指标之一，与空间距离、知识区隔一起，共同构成受众与风险传播之间的社会距离框架内的三个维度。

无论是社会距离理论，还是解释水平理论，都认为每个维度的距离都是可以测量的，距离的远近不同对主客体之间的关系也会产生不同层次的影响，这为我们从距离的角度进行程度的分层也提供了指引和帮助，即风险传播中的受众，与风险及风险传播的社会关系在现实中受到空间距离、知识区隔和心理距离的影响而呈层级分布的样态。因此，本研究以社会距离为统领，从空间距离、知识区隔和心理距离三个维度来对风险传播中的受众分层展开研究和分析：空间距离是一种客观的地理距离，知识区隔则是受众与风险科学知识之间的综合距离，它是风险内在性本质，心理距离则主要是基于主观的、对风险传播心理表征的程度。

第一，空间距离。空间距离即地理距离、物理距离，主要指受众所在的地理位置与风险及风险传播所处的地理空间之间的距离远近。需要指出的是，本书的空间距离并非用具体的里程数作为距离衡量的标尺，这是因为人们生活的地理空间在现代社会的划分主要以行政区划为界，且这种划分方式与我们研究的受众与风险及风险传播之间的空间距离的现实有效性是完全贴合的，所以我们在空间距离的认定上即遵循行政区划中省、市、地等行政区划的认定标准，并以此作为空间距离的判断指标。

第二，知识区隔。知识区隔是指受众与风险议题“专业知识”及社会建构的“风险知识”之间的区隔。风险传播中的绝大部分受众，并不是各个风险领域的专家，所以，面对现代化的高科技风险，他们往往很难对风险专业领域的知识有充分的了解，面对媒介、政府和社会共同构建和传播的经社会构建而来的“风险知识”，他们也未必能明辨是非，这是由专业知识和社会知识共同导致的距离和区隔。知识区隔将通过受众的受教育程度、媒介选择、媒介信任、科学理性等实际指标进行分析和判断。

第三，心理距离。心理距离是指受众与风险及风险传播之间亲疏关系的程度，亲疏程度不同，则远近距离不同。心理距离的形成受受众主体性别、年龄、职业、文化背景和兴趣爱好等的影响，它是一种主观上的距离，通过主体对客体的心理表征和解释水平得到反映。本研究对心理距离的讨论主要以受众对风险传播的认知、情绪、态度和行为等作为考量指标。

空间距离、知识区隔和心理距离三个维度并不是相互独立的，它们之间互为影响。由于空间距离的存在，风险对受众的威胁减轻，受众对于风险传播的关注度、即心理距离随之增大，对风险知识的关注和学习也会随之减少；人们在交往过程中专业知识方面的障碍是第一性障碍，受知识区隔的影响，受众对无法感知、认知不清的远距离风险、对不了解的风险的关注积极性会下降；而受众与风险及风险传播之间的心理距离（或亲疏关系）是空间距离、知识区隔的综合作用在心理上的反映，这种距离还受到风险与受众相关性的影响。

构建好了受众分层的框架和维度，我们将以何种标准从社会距离的三个维度——空间距离、知识区隔、心理距离——对受众进行分层呢?结合本研究意欲达到的、了解风险传播中受众的信息需求，并进而有效提高风险传播效果的实际，我们将主要借鉴前文提到过的齐美尔的“三分法”，它可以让我们较为清晰地描述受众的分层状况：近距离、远距离和中距离。近距离代表一种受众与风险传播之间的密切关系，指受众处于风险传播信息的中心场域；远距离代表受众与风险传播之间的疏远关系，指受众处于风险传播信息的场域之外；而中距离则介于远近距离之间，指受众处于仅次于近距离的、风险传播信息中心场域的边缘地带，并外接于远距离。在不同的维度中，我们将采用不同的距离描述方式，但遵循三分法的基本划分原则。

五　本章小结

本章主要围绕“两个概念、两个背景、三个维度、三个层级”的线索对本书的研究对象、讨论语境、研究依据和讨论框架等做了系统的界定和构建。

“两个概念”是指风险传播和受众分层，这既是本书研究的两个最重要的核心对象，也是所有论证展开和结论的方向导引。风险传播是指以特定议题有关的风险项目、风险知识和风险事件等为传播内容的各种各样的大众媒介传播活动。这里的特定风险议题主要是指现代工业化发展进程中的、科学技术进步所伴生严重负面结果的概率。受众分层是指因与风险传播社会距离远近不同而导致的受众在风险传播中的层级分布。受众所处层级不同，则群体特征不同，进而导致与风险传播不同的亲疏关系，对风险信息的需求差异就会明显地表现出来。

“两个背景”是指风险社会和媒介化社会的双重背景，“‘世界风险社会’构成了媒体的传播语境，传播有利于提高风险情境的‘社会能见度’”①。风险社会的到来是我们可将风险传播从大众传播分离出来的前提和意义，因为传播是有关风险的传播，而风险的特殊性及其与社会生活的紧密相关性导致了我们关注风险的必然性。而媒介化社会的形成，则使得我们关注风险要必然地通过媒介的传播和建构，这个过程导致了风险媒介化和民众受众化的双重转换。

“三个维度”指风险传播中受众分层的空间距离、知识区隔和心理距离三个论证视角。这三个维度的选择来源于风险传播的现实情景，也在社会距离和解释水平理论中找到了理论的关照和回应，并遵照了“客观外在—本质内在—主观认定”的叙述逻辑：一方面，受众在地理空间与风险科学中的位置所在，决定了他们与风险议题及风险传播之间的距离关系，这是我们研究的现实基础；另一方面，社会距离理论和解释水平理论中的空间距离、文化情境、心理距离等与解释水平之间的关系，为

---

① 郭小平：《风险传播研究的范式转换》，中国传播学论坛，深圳，2006年8月，第102页。

我们研究受众与风险传播之间的社会距离提供了科学的理论支援。

“三个层级”指三个维度的受众分层都遵照近距离、远距离和中距离三个层次。社会距离的“三分法”主要借鉴了齐美尔对社会距离进行分层的方法，这较适切地描述了受众与风险传播在距离关系中的层级分布状况。

最后，在以上讨论的基础上，我们搭建了本研究的基本框架：即以社会距离为统领，分别从空间距离、知识区隔和心理距离三个维度来讨论风险传播与受众之间的距离关系——距离不同，则受众在风险传播中所处的层级不同；受众主要地分为“近距离、远距离和中距离”三个层级；处于不同层级的受众群体构成不同、特点不同，他们对风险信息的需求也将呈现差异性。

第 三 章

空间距离维度的受众分层

我发现我的房屋位置正是这样一个遁隐之处，它是终古常新的没有受到污染的宇宙的一部分。①

——亨利·戴维·梭罗

空间距离决定了事物之间的地理位置关系；根据距离远近的不同，这种位置关系又表现出一定的层次性。现代化风险出现在地理上特定的地域②，风险在空间上的位置分布决定了风险信息传播的空间分布，而受众则分布在各个不同的空间位置上，这就使得风险及风险传播与受众的空间距离远近不同，而呈现出一定的层次性。

一 空间、风险与媒介

（一）作为社会的空间

空间是什么？空间的本质是什么？当我们提出这样的问题时，即代表我们已经跟随着马克思、列斐伏尔、福柯等人的脚步去思考空间这一对象了。然而，空间是个复杂体，不同的学科立场，对空间有不同的认知和解读，哲学、数学、物理学、天文学、地理学、社会学等都对空间有着丰富系统的研究。空间的这种复杂性，展现出空间既是我们要思考

① ［美］亨利·戴维·梭罗：《瓦尔登湖》，徐迟译，上海译文出版社 1982 年版，第 81 页。

② ［德］乌尔里希·贝克：《风险社会》，何博闻译，译林出版社 2004 年版，第 27 页。

的对象内容，又是对象存在的形式。说它是内容，是因为空间本身具有其自然属性，或者说是物质性；而说它是形式，则是因为空间是一种环境，是人、事、物交错关联的生存环境，这是空间的社会性。

空间从本质上讲是自然的、物质的。根据《辞海》的解释，在哲学上，空间与“时间”一起构成运动着的物质存在的两种基本形式。空间指物质存在的广延性，时间指物质运动过程的持续性和顺序性。空间和时间具有客观性，同运动着的物质不可分割。哲学空间是抽象空间，它不受任何物质形态的限制，所以它是无限的，必须容纳无限多的物质运动。[①] 而在物理学上，空间与时间是事物之间的一种次序，空间用以描述物体的位形，它是可以量子化的，且空间随着坐标系的变化而变化。而立体几何则是专门研究空间中点、线、面之间各种关系的科学，点、线、面之间的距离称之为空间距离。地理学是研究空间规律的科学，它的研究对象是地球表层陆地空间系统。法国地理界提出了地理空间的四种类型：土地空间、基地空间、距离空间和形态空间。[②]这些定义清晰地展示了空间的自然属性，从这个角度来讲，空间是具体的、可测量的，空间之间不同的两点之间形成距离，人们也可以感知空间。

同时，空间又是社会性的。人类来自于大自然的进化，人类是自然空间中的人。但是由于进化、生存和发展的需求，人类在从事物质生活资料生产和交换的过程中，逐渐地从自然中分离出来直至独立于自然；“而这个活动过程就是自然空间主体化、属人化、人工化的过程，自然空间由此成为人类交往实践活动中对象化的中介和中介化的对象、不断获得人的属性，不断地被改造为人的生存和发展的条件，成为人的需要、目的、意志和本质力量得到确证和展现的过程”。[③]于是，自然空间就不可避免地被烙上了“社会”的印记——部落、城市、国家都在这个自然空间社会化的过程中被生产出来，空间既是自然，又是人类社会。所以，空间思想家曼纽尔·卡斯特深刻地说：“空间不是社会的反映，而是社会

① 陈建国：《时间—空间飞船：相对论的哲学问题》，地质出版社 1999 年版，第 52 页。

② 潘玉君、武友德：《地理科学导论》，科学出版社 2009 年版，第 18 页。

③ 孙江：《空间生产——从马克思到当代》，人民出版社 2008 年版，第 10 页。

的表现。换言之，空间不是社会的拷贝，空间就是社会”①。所以，在现实社会中，“空间及其特性以不同的方式呈现给我们，而我们对它的描述亦各不相同，因为我们每个人在对细节与文化环境的关注方面、在所接触到的技术方面、在所接受的教育方面以及所处的人生阶段上都各不一样。”②

齐美尔也曾从独占、分隔、固定、距离和运动五个方面来解释空间的社会属性。谈到分隔性，他认为空间可以根据实际利用进行分割，其中的任何一块均由边界予以框定而构成一个统一体。齐美尔特别强调边界在所有的社会关系中的重要性。“边界不是一种带有社会学后果的空间事实，而是一种在空间上形成的社会学事实”③。边界可以促进社会的整合，至少有助于社会的“向心性”。边界不仅可以强化社会秩序，而且也可使冲突关系更趋明朗。因此，社会边界表示了一种非常独特的互动，分隔影响边界之内和边界之间的关系。齐美尔所论及的距离性，即处于某种关系中的个体相互之间距离的远和近。“依齐美尔的看法，所有的社会关系均可根据距离远近的尺度来加以衡量。在物理空间上接近某人，会导致一些典型的后果，比如关系趋于极端情绪化，难以将互动伙伴理想化。”④

空间是自然性和社会性的杂糅体，我们讨论风险传播与受众在空间中的距离关系，既离不开空间的自然属性，也离不开空间的社会属性。因此，本书关于空间距离的讨论，主要以行政区划及其相互之间的距离为判断指标。行政区划，既是以空间的自然性为基础，同时又是空间被国家机器行政规划——即社会化的结果，它是国家为了便于行政管理而分级划分的地理空间区域。行政区划里有相对固定的地理空间和边界，包含特定的人口、区域文化和社会特征；行政区划既为风险规定了范围与边界，也为受众辨识、体感风险并选择传播媒介和信息渠道提供了依

---

① ［美］曼纽尔·卡斯特：《网络社会的崛起》，夏铸酒、王志弘等译，社会科学出版社2003年版，第504页。

② ［美］罗伯特·戴维·萨克：《社会思想中的空间观 ：一种地理学的视角》，黄春芳译，北京师范大学出版社2010年版，第6页。

③ 成伯清：《格奥尔格·齐美尔：现代性的诊断》，杭州大学出版社1999年版，第161页。

④ 成伯清：《格奥尔格·齐美尔：现代性的诊断》，杭州大学出版社1999年版，第162页。

据——受众需要明确知晓其所处地区的政府部门对于风险的权威信息和交流，而这些信息主要地出现在行政区划内对应的各级媒体上。中国的媒介虽然有传播范围的区别，但基本实行的是属地管理，以及由此引发的政府“对新闻报道控制和倾斜的矛盾共生”① ——有关风险的新闻报道更是如此，将更多地受当地政府部门制约来决定报还是不报、怎么报。以上这些因素均会影响风险传播的空间和范围、进而影响受众对风险信息的判断和感知，因此当我们讨论风险传播与受众之间的空间距离的时候，主要指的是风险及其传播和受众在行政区划上处于不同的空间区域之中，同时兼顾不同行政区划之间的地理距离。

需要说明的是，我们在这里仅是将行政区划作为空间维度讨论的主要指标，而在现实中，风险项目和风险传播在空间分布和影响范围上，受风险性质的影响，基于空间对风险传播和受众的解释和分析远比我们的讨论复杂得多。例如，因为风险性质的特殊性，风险传播及受众分布的空间也许会发生聚合或者扩散的可能，尤其是在风险事件爆发的情况下；每一个具体的风险议题，或可能对应一个或多个关键的空间范围。另外，基于网络新媒体、自媒体的高度发达，也可能存在着关于风险传播讨论的多个虚拟空间，以规避传统风险传播方式带来的交流障碍和壁垒，等等。以上的这些有关空间距离的复杂现象同时并存于风险传播的现实之中，而对这种复杂情形的讨论则要基于对空间维度的清晰认知，因此，本书仍将行政区划作为空间讨论的基本尺度，复杂情形作为未来进一步探索的讨论方向。

（二）风险的空间社会性

“空间和空间的政治组织表现了各种社会关系，但又反过来作用于这些关系。各种社会关系和各种空间关系具有辩证的交互作用，并且相互依存；社会的各种生产关系既能形成空间，又受制于空间。”②而风险，是人类社会工业化过程中的产物，是人类特定组织实践活动的伴生品。与

① 刘洁：《媒介产业地方保护与地方政府》，《新闻大学》2006 年第 1 期。

② ［美］爱德华 · W. 苏贾：《后现代地理学——重申批判社会理论中的空间》，王文斌译，商务印书馆 2004 年版，第 123—124 页。

风险有关的社会关系既形成风险空间，又受制于风险空间。“现代化的风险出现在地理上特定的区域，同时，它也是非特定的、普遍的。”①

地理上的特定区域，首先指风险存在于自然空间。齐美尔认为，空间具有排他性，个体或特定群体只能够一次占有、使用一个空间，因而产生空间上的意义。②风险在空间占有性上亦是如此。工业化以来的技术进步和工业进步，在全球范围内是不平衡的；技术的应用和发展，在国家、区域之间也是不平衡的。因此，伴随着工业化、技术进步而来的风险，也在空间上表现出不平衡性，风险总是伴随着空间自身的自然性而与空间同时并存。所以，当我们说风险存在于某一空间区域或风险事件在某一空间区域发生时，此时的风险空间就具有空间内的广延性、边界性和物理上的排他性。例如，当我们讨论有关 PX 项目的风险议题与传播时，“厦门 PX 事件”“宁波 PX 事件”“茂名 PX 事件”等带有城市名称的指称鲜明地反映出风险议题的地理空间意义，或曰自然空间意义。从这个意义上讲，风险在空间上的分布遵从于空间的自然属性，即风险的存在、发生总是客观地存在于一定的物理空间之中。

地理上特定的区域，又是风险发生发展的社会空间。伴随技术进步而来的风险，催生于某个科学实验室，但落地于城市、乡村或者某一区域；无论风险是否会因各种原因而转变成现实的危害，风险项目的建设、风险危害性后果发生的概率，以及人们对风险的认知和态度都会在这特定的空间内形成风险议题及传播与人、组织等之间的互动和影响。同时，风险从何处来，去往何处、如何落地、如何控制，风险与哪些人、哪些物及哪些组织将发生关系等，这些都是由人类社会自身生产和管理的。因此，风险的产生、发展以及与空间的结合，是一种带有危害性后果概率的、风险与空间的社会关系，是一种携带生命、健康、生态威胁的社会关系，也是一种涉及国家、政府、地方和人的经济利益与社会利益博弈的社会关系。风险总是社会性地与空间发生各种各样的社会联系。

地理上特定的区域，即空间社会，还会对风险产生反作用。空间的自然、社会双重属性，使得存在于空间中的人、组织等均会因风险的性

---

① ［德］乌尔里希·贝克：《风险社会》，何博闻译，译林出版社 2004 年版，第 27 页。

② 袁燕：《传播学研究的空间想象力》，《新闻与传播研究》2006 年第 1 期。

质、危害性后果的严重性等产生相应的社会情绪、风险态度、风险认知和合作或对抗行为。当空间社会不能承受风险的有害性后果的时候，空间中就会产生各种各样的抗议声音、社会运动，从而影响风险存在的空间——风险项目迁移或取消。世界各地层出不穷的邻避运动、中国行走于各地均引起群体性事件的 PX 项目等，都是特定空间社会的民众通过社会运动抗议风险，导致风险空间变动的现实案例。

所以，风险是特定空间中存在的风险，空间社会也会与风险产生互动，二者之间有着密切的社会互动关系，且风险与空间的关系对风险传播和受众对风险信息的关注有着决定性的意义。

（三）空间社会化的媒介

无论是马克思的“用时间消灭空间”，还是伊尼斯指出的媒介的空间属性，都为我们研究媒介与空间提供了全新的视角和思路，许多学者由此出发，为媒介与空间的社会关系做了有益的探索。梅罗维茨不仅认为电子媒体重塑了社会场景和社会身份，他“更要探求传播的主体间性与场域中社会关系所生成与演化的传播空间结构，以及传播关系背后的空间生产与空间网络”①。刘洁认为，马克思“用时间消灭空间”的经济学命题内在地包含着与新闻传播相通的理论资源和哲学内涵，对现代新闻传播具有时空延展性的解释力。② 李彬提出“空间媒介化与媒介空间化”的双重概念对媒介与空间的社会关系进行了更为明确的论述。复旦大学则涌现一系列关于城市与传播的研究，“讨论城市传播的研究范式、可沟通城市的概念及评价体系”③，将空间与传播的勾连聚焦于城市这个空间载体，并在此基础上讨论人、文化、传播与空间的各种社会关系。前人的研究为我们更好地认知媒介与空间的关系提供了引导和借鉴，而本书的研究，将同时关注媒介与空间的自然关系和社会关系。

媒介是特定空间中的媒介，媒介活动生产了空间，空间与媒介之间

---

① 肖荣春：《新媒体语境下传播活动的“空间转向”》，《国际新闻界》2014 年第 2 期。

② 刘洁：《马克思“用时间去消灭空间”：溯源及新闻传播学扩散》，《国际新闻界》2010 年第 9 期。

③ 孙玮：《可沟通城市指标体系建构：基于上海的研究》，《新闻与传播研究》2015 年第 7 期。

还存在交互作用。从形式上来看，媒介技术的进步，缩短了地理空间；但在实质上，媒介又生产了新的信息空间。媒介与空间在这种交互机制中互为动力，不断发展。

第一，媒介总是一定空间中的媒介，空间是媒介生产传播活动的地理容器，媒介与空间首先表现为一种共同在场的客观自然关系，这“主要突出了媒体作为新闻传播机构、文化产业机构或传媒公司，通过建筑单体或集聚区（如文化创意产业园区媒体集聚区等）以及技术设备或媒介工具物品等形态，显示出与其他所有物质实体同样的物理空间占据性及其城市空间在场。”①空间的自然性导致媒介的生产活动受空间的影响和制约，也导致媒介的影响力在此空间与其他空间的相异。这种现象在中国表现得尤为明显。在国内，各级党委机关报、广电媒体等，基本都实行属地管理的制度，除中央媒体外，各省级党报、广电媒体等基本都以省份名称命名（个别除外，如广东省委机关报为《南方日报》），地市县级媒体则以地市名称命名等。这种命名方式，既明显地反映出媒介所处的行政区划空间，还可明确判断出媒介的生产活动空间、主要的报道范围和影响范围等。虽然随着媒介市场竞争的加剧和新媒体的不断刺激，许多媒体都在通过互联网、新媒体和各种客户端扩张自己的传播范围和影响范围，但是总体上讲，这种空间上的界限仍然在客观上限定了媒体的主要生产活动场域。

第二，媒介的生产、传播及与社会的互动反映、扩张、再造了空间，赋予空间以社会性，甚至空间就是媒介本身。对社会性的媒介传播活动而言，“真正有意义的是对空间意义的生产与再生产机制的解读……媒介作为人们社会关系的意指，在人们利用其进行传播的过程中就已经意味着这是一次关系的流动，而传播则成了这场关系建构的动态过程”。②而“从社会链接的关系角度看，媒介可以构建空间，并促成空间形成一种媒介；同时，媒介与空间在社会关系的框架内形成一定的统一，即空间具

① 李蕾蕾：《媒介——空间辩证法：创意城市理论新解》，《人文地理》2012 年第 4 期。

② 李彬、关琮严：《空间媒介化与媒介空间化——论媒介进化及其研究的空间转向》，《国际新闻界》2012 年第 5 期。

备着相当程度的媒介性质，而媒介也兼具着空间的属性与范畴。”①媒介建构的空间，一方面是以自然空间为基础的，这不仅表现在媒介生产活动的地理空间，也表现在媒介产品中均会蕴含着带有空间特性的新闻对象；另一方面媒介空间又不完全重合于自然空间，它可能是自然空间的扩张，也可能重新创造一个完全独立的、虚拟的社会空间，如我们常说的赛博空间、网络论坛等。也正是从这个意义上，学者李彬等人提出了“空间媒介化”和“媒介空间化”两个概念，认为空间媒介化“是指人类通过不断发展传播媒介、创新媒介形式来拓展对实在空间的控制范围和控制力，从而在最大的空间范围内实现媒介连通的过程”，而媒介空间化则指“媒介的关系化与结构化的过程，也是媒介自身社会关系与社会结构再生产的过程。”②学者孙玮及复旦大学信息与传播研究中心近年展开的关于“可沟通的城市”系列研究也正是在将城市这一实体空间与社会空间的结合体作为具有生产、传播和交流信息的媒介的基础上展开的。

第三，社会的空间对媒介的反作用。“空间作为一种传播语境，使得受传者接收到远远超过空间基本含义的信息，空间渗透出传播者的所指，在特定语境中表达出丰富的多样能指含义”③。空间作为媒介生产和传播活动的场所与信息一起服务于受众；但是，空间不仅有自然性的大小之分，还有社会文化的千差万别，经由社会文化、建筑、组织和人等同在的社会性的空间，也会影响媒介的生产传播活动。首先，社会性的空间特征将深刻影响媒介新闻生产的方式、新闻产品的表现形态和传播路径，这些都将需要符合空间内的社会关系和架构特点；其次，当各种各样的媒介生产、传播的大量的新闻和信息在空间中流动的时候，伴随着空间距离的变化，信息总会遇到这样或那样的噪音而在数量和质量上有所改变或消减，从而有可能形成相异于原始信息的新信息。所以，在与媒介的结合与互动中，空间也发动了自身的动力机制去影响媒介。

正是看到空间与媒介之间的这种互动关系，学者王斌从空间视角系

---

① 姜海：《城市空间信息的传播之维——基于框架媒介的传播学分析》，《西南大学学报》（社会科学版）2014 年第 11 期。

② 李彬、关琮严：《空间媒介化与媒介空间化——论媒介进化及其研究的空间转向》，《国际新闻界》2012 年第 5 期。

③ 刘立娟：《论传播的空间控制》，《东南传播》2015 年第 11 期。

统梳耙了传播史，让我们“可以看到信息传播技术的革新对人类时空感知及空间观念的更迭，同时也可以看到人类如何在拓展了的、再造了的空间中展开自身的社会生活……传播与空间二者经由人类交往实践呈现出一种互相建构的关系”。[①]

风险与空间、媒介与空间都存在相应的互动关系，当风险信息进入媒介并进而进入空间时，风险、媒介与空间之间的社会关系和互动机制又发生了更为复杂的变化和发展。

二　空间中的风险传播与受众

（一）风险传播的空间表征

作为人类生产活动的一种，风险传播的空间性存在于空间的社会生产与发展之中。人类生存的空间秩序产生于空间的（社会）生产，各种人文地理的结构既反映又构建了世界中的存在。[②] “在发达的现代性中，财富的社会生产系统地伴随着风险的社会生产”，“生产力的指数式增长，使危险和潜在的威胁的释放达到了一个我们前所未知的程度”。[③]风险项目的落地和生产、大众传媒的空间分布与作业，既是特定空间社会生产的有效构成，也是该空间社会文明发展的反映；而风险与大众传媒预设了风险传播的空间与集体管理，同时被利益相关各方不断干预。

首先，新闻价值中接近性的选择标准预设了风险传播的空间性。新闻价值是新闻有可能被报道被传播的本质因素，而接近性是新闻价值的重要构成要素之一。“读者首先要知道自己周围发生的事情，因为本地发生的事情与他们的生活有更直接的关系。”[④]如前文所述，风险总是出现在一定的地理空间中，而依据风险议题不同的具体内容，有的风险发生在具体的地理空间，例如苏联的切尔诺比利核事故、日本的核泄漏事故、

---

① 王斌：《从技术逻辑到实践逻辑：媒介演化的空间历程与媒介研究的空间转向》，《新闻与传播研究》2011 年第 3 期。

② ［美］爱德华·W. 苏贾：《后现代地理学 ：重申批判社会理论中的空间》，王文斌译，商务印书馆 2004 年版，第 39 页。

③ ［德］乌尔里希·贝克：《风险社会》，何博闻译，译林出版社 2004 年版，第 15 页。

④ 李良荣：《新闻学导论》，高等教育出版社 1999 年版，第 263 页。

中国厦门的 PX 事件等，均发生在行政区划的相应空间；有的风险发生空间则具有不确定性，例如环境污染风险、全球变暖问题等，在空间差异上并不明显。媒介要选择性地报道和传播这些分布在不同地理空间中的风险，空间的接近性是其要考虑的重要因素之一。新闻价值中空间接近性要求导致了风险传播的空间表征。

其次，大众传媒的空间分布和报道能力决定了风险传播的空间分布。如前所述，中国的大众媒介实行的是属地管理制度，各类传播媒介明确地分布于各级省、地、市等，它们总是处于相同的行政区划空间中，他们有的是地方性的，有的是区域性的，有的是全国性的，有的是全球性的，尤其是地方性、区域性媒介都有着明确的、以所属行政空间为主体的报道地理范围。理论上讲，媒介空间与风险空间是否重合，会影响风险传播的空间分布；而且，媒介空间与风险空间之间的距离，也会决定媒介风险传播的数量和质量——空间距离近，可带来采访报道空间距离接近性、信源信息的便利性及反应时间的快速性。但同时，这种行政区划上的空间化对风险传播的影响又不是决定性的，它还受制于媒介的风险报道能力。媒介的风险报道能力不仅包括媒介传播的辐射空间、经济实力、专业队伍、社会资源和报道空间资源等，还包括媒介属地政府的风险管理和新闻管理制度。学者刘洁认为，中国的媒介产业保护中存在着地方政府“对新闻报道控制和倾斜的矛盾共生”，“就新闻报道来源和内容来看，存在着地方对当地媒介提供方便和设置障碍两种方向相反的作用力”，尤其是政府对负面新闻的控制往往会造成“墙里开花，墙外臭”的结果。①风险议题的新闻报道常常伴生着利益相关方的社会争议，甚至有更多的风险项目群体性社会事件，属地政府的立场和态度常常决定性地制约了当地媒体的风险报道。从这个意义上说，媒介的空间分布和业务报道能力会影响风险传播的空间性，空间中的媒介属地管理的影响或许是决定性的——提供便利或者设置障碍。

最后，“电子媒介通过改变地点的信息特征，重塑了社会场景和社会

---

① 刘洁：《媒介产业地方保护与地方政府》，《新闻大学》2006 年第 1 期。

身份"[①]，也就重构了空间场景和构成。受现代传播技术尤其是网络新媒体的支持和推动，媒介的生产和传播活动塑造了以风险议题为内核的信息流动空间，受风险存在、发生空间的制约，这一信息流动的核心空间与风险空间有着现实的对应性。当风险议题发生发展时，在媒介技术的支持下，各地的新闻媒介都有同等机会对风险及风险事件展开报道，并可跨越空间界限对其进行传播：一方面，风险信息会向着受众关注度高的空间流动和聚集，尤其当异地空间媒介报道了本地风险事件时，本地媒介的在场缺位、外地媒体不在场补位和新媒体及网络传播的推波助澜会导致本地受众对风险的高度紧张情绪，信息空间与风险空间产生联动并不断在风险空间聚集；另一方面，由于空间距离远近不同的存在，风险信息的传播会在空间距离的流动中遇到各种各样的过滤器而递减或改变，受众最终接收到的、包含着空间场景变换的风险信息可能会相异于源头信息。所以，风险传播总是不可避免地存在于一定的空间，一定条件下在空间中流动，并在与空间的互动中变化和重塑，产生新的社会身份和内容，或者说扩张、占领了新的空间。

作为重要的社会生产内容的风险传播活动，总是在一定的地理空间中完成的；借助于风险的空间分布、媒介的空间分布与报道能力、新媒体对传播对象及空间场景的影响等，风险传播在空间中也表现出不同的层次性，这种层次性又将与受众的空间层次性勾连起来。

（二）受众分层的空间机制

"作为'被建造的环境'，（人类）实践的场所不仅是我们生活的空间，而且它配备了特定的传播设施及结构，并因此鼓励或抑制不同形态的传播，形成与特定传播方式、形态、节奏和频率等相关联的社会生活的'纹理'。"[②]齐美尔认为，几乎所有的人都会有一种空间感，表现为彼

---

① ［美］约书亚·梅罗维茨：《消失的地域：电子媒介对社会行为的影响》，肖志军译，清华大学出版社 2002 年版，第 101 页。

② 潘忠党、於红梅：《阈限性与城市空间的潜能——一个重新想象传播的维度》，《开放时代》2015 年第 3 期。

此之间的地理或心理的距离。[①]风险传播，也是人类现代社会生活的一种“纹理”，它围绕特定的风险议题，是特定空间中有关风险信息的生产和流动，信息流动的目标则是这一空间中同场存在的受众；作为风险传播社会活动的主要参与者，受众或处于不同的地理空间，或处于同一空间内的不同位置，这是我们进行受众分层的现实基础；受众与风险传播空间距离的差异会影响传播的效果和性质，受众分层的最终目的也是为了提高风险传播的效果。

对充满个体差异性的受众进行区分，“不仅要考虑其社会经济特征，也要考虑媒介所传播的具体内容，以及受众发生媒介行为的社会文化语境和环境”[②]。风险传播中的受众，既是以媒介传播的风险信息为内容而聚集起来的受众群体，亦是麦奎尔所言的“满足群组”。对受众进行分类有不同的标准，例如性别、年龄、职业、兴趣等，但麦奎尔认为“地点是最传统也最常用的标准”，因为“潜在受众或实际受众的边界，常常与不同的地理层级相对应”[③]。“受众们一起分享至少一种重要的社会/文化特征——他们拥有同一空间，或居住在同一社区。”[④]

首先，风险议题和受众均分布于一定的空间之中，“现代化的风险出现在地理上特定的区域”[⑤]，这决定了风险后果影响的空间范围，也决定了风险信息所能影响的核心受众群体——因为受切身利益的影响，同一空间的受众对风险有更重要和更紧迫的信息需求。借力于以网络为基础的多种类型的媒介传播形态的帮助，风险信息将以风险项目、议题的所在空间为中心场域，经由大众传媒的介质传播开去；受信息扩散过程中各种噪音和过滤器的影响，风险传播将伴随空间距离的增大而呈不规则涟漪状扩散出去，风险信息的传播是有序的，且遵守信息传播基本规律

---

① ［德］盖奥尔格·西美尔：《社会学：关于社会化形式的研究》，林荣远译，华夏出版社2002年版，第461页。

② ［英］丹尼斯·麦奎尔：《受众分析》，刘燕南等译，中国人民大学出版社2006年版，第46页。

③ ［英］丹尼斯·麦奎尔：《受众分析》，刘燕南等译，中国人民大学出版社2006年版，第65页。

④ ［英］丹尼斯·麦奎尔：《受众分析》，刘燕南等译，中国人民大学出版社2006年版，第37页。

⑤ ［德］乌尔里希·贝克：《风险社会》，何博闻译，译林出版社2004年版，第27页。

的；同时，受众则以个体所处的空间位置为中心点，在风险传播的空间中呈现点状分布，这种分布对风险传播而言是分散的、随机的，因为受众都是以自己的个体居住、生活或工作等活动空间为空间占据主体的，他们不会因风险传播的存在而形成某种有组织有规律的分布形态。风险传播的涟漪状分布与受众的点状分布导致了受众与风险传播之间有着不同的空间距离：有的受众与风险或风险信息距离很近，有的受众则与风险或风险信息距离较远，有的受众甚至根本接收不到任何风险信息，这种远近不同的位置关系是受众空间分层的客观现实基础。

其次，处于不同空间位置的受众与风险传播之间的社会实践和互动关系，是受众空间分层的社会表征。当风险传播与受众在空间上处于同一位置或接近位置时，风险传播与受众之间处于近距离状态，它们之间的互动性就会表现为强烈的、明显的：受众由于接近风险或风险议题，对风险的体感和认知就会更深刻更生动，进而表现出明显的风险情绪和态度，对风险传播的反响就强烈。例如 PX 项目的系列事件，真正对事件进展最为关注的核心受众仍然是风险项目所在地的市民群体，他们时刻与风险传播保持高度的互动关系。反之，当风险传播与受众之间在空间上位置相异时，它们之间的互动就会因距离的增大而降低：受众由于远离风险或风险议题，加上风险信息传递在空间距离递增中遇到的各种噪声和过滤器，受众既无法体感风险，也很难获得完整的风险传播图景，对风险的认知就会模糊和笼统，伴随着受众对风险及风险信息关注度的下降，他们对风险传播的反响就平淡。

空间中风险传播的涟漪状扩散与受众位置点状分布的空间距离关系，导致了受众在风险传播中的层级分布，并导致了不同层级的受众对风险议题不同的信息需求和互动程度。

三　空间距离中的受众分层

在现实中，虽然说风险是现代社会的重要特征之一，且风险不确定地分布于特定的空间，但是，并非所有的风险都会对所有的社会成员产生有害性后果，很多风险项目建设都是落地于一定的区域空间之内，例如秦山核电站位于浙江省嘉兴市海盐县、被市民抗议反对的厦门 PX 项目最终建于漳州市的古雷港开发区等，由于空间距离的存在，分布于特定空间的风险项目总是对该空间及相邻空间造成较大风险威胁。不仅如此，“在人类传播的历史上，很长时期内，地域空间是一种基本的社会信息系统，距离是封闭、隔离社会的手段。”① 虽然现代媒介技术的发达已然打破了空间距离的区隔而实现了信息网络的四通八达，但由于风险分布空间性的存在，不仅导致了风险与受众的空间关系、也导致了风险传播与受众的社会关系仍然受到空间的制约和影响。

如前所述，受众与风险传播之间空间距离的产生是风险传播的涟漪状扩散与受众位置点状分布共同导致的，它既具有物质性，又具有社会性。空间距离物质性表现为风险传播与受众在地理空间上是否具有对应性，即他们是否同处于风险发生、发展的空间；空间距离的社会性表现为对空间距离的衡量并非用具体的距离单位，而是基于社会性的行政空间的重合程度来观察的：处于同一地理空间，则属于近距离；处于相邻地理空间，则属于中距离；相邻地理空间之外，则属于远距离。

根据风险议题与受众之间空间距离的远近不同，我们认为：在风险传播的社会情境中，伴随受众所处的地理位置与风险及风险传播的空间位置关系由近及远的距离变化，受众对风险及风险传播的关注度呈下降趋势：距离越近，关注度越高；距离越远，关注度越低。根据受众与风险议题及传播之间空间距离，我们将受众分为核心空间距离层、次核心空间距离层和远空间距离层三个层级。

风险传播中处于不同空间层级的受众，群体特征各不相同，在空间中的位置也会因风险和风险信息的流动产生变化，并随之产生对风险信息不同的关注和需求水平。

（一）核心空间距离层

核心空间距离层，是指生活在与风险事件、风险设施或风险项目处于同一空间区域的受众群体。核心空间距离层的受众，由于地理空间上的共同在场而导致这一群体与风险项目、议题有着密切的关联关系，他

---

① 王斌：《从技术逻辑到实践逻辑：媒介演化的空间历程与媒介研究的空间转向》，《新闻与传播研究》2011 年第 3 期。

们承担风险有害性后果的概率最高，危险发生时他们将可能承担最为严重的风险后果。需要指出的是，核心空间距离层的受众应包括这样的群体：出走他乡的社会流动人员，虽然他们本人暂时不在这一空间，但他们的亲缘人群仍生活在风险存在的空间内，风险与他们的关系也是最为密切的，所以他们仍属于核心空间距离层。

核心空间距离层的受众，群体聚合具有明显的地域空间性，群体边界也较为明显，受众的个体性特征在群体中比较模糊，而群体共有的风险信息需求的显著性增强，恐惧度提升，正如斯塔尔所说，由于“暴露于某危险的人数增加，风险的可接受程度降低，即人们对可容忍风险的门槛降低了”①。例如，在厦门 PX 事件中，反对 PX 项目的受众群体，首先是身处厦门市的市民，他们中既有著名的科学专家（化学家赵玉芬等），也有网络名人（网络博主连岳等），更庞大的群体是普通的厦门市民，虽然部分人因其个体性特征在事件发生发展的过程中发挥了相当的推动力作用，但更为重要的是他们拥有一个共同的身份——即他们是共同居住在厦门市、共同反对 PX 项目在厦门落地的市民群体；正是这个与 PX 项目建设地址同在厦门市的、共同在场的身份，构建了 PX 项目风险传播的核心空间距离层的受众群体。毫无疑问，无论是在现实的厦门媒体构建的风险传播空间中，还是在以网络技术为支持的风险事件信息流动和传播的信息空间中，这些市民都是对风险传播关注程度、参与程度和互动程度最高的受众群体。

作为风险项目距离最近的受众群体，核心空间距离层的受众，是风险传播场景中的积极受众，他们更为迫切地需要学习、了解甚至掌握有关风险的专业知识和社会知识，以此来判断风险危害的概率、范围和程度，判断自身及亲缘群体在风险中的暴露程度，进而探寻风险规避的有效措施，以提升其生命、健康、财产和生活的安全性。不仅如此，风险传播中的核心空间距离层受众，还会与风险传播产生互动，他们一方面搜寻和接收风险信息，另一方面借助各类可使用的媒介（如自媒体、论坛等）将自身的风险诉求传播开去，与有着相同诉求的受众群体展开交

---

① ［英］谢尔顿·克里姆斯基、多米尼克·戈尔丁编著：《风险的社会理论学说》，徐元玲、孟毓焕等译，北京出版社 2005 年版，第 9 页。

流，以期达到寻求安全保障的终极目标。

（二）次核心空间距离层

次核心空间距离层，是指生活空间与核心空间相距较近或者生活空间与核心空间有某种意义的相似性和接近性的受众群体。当核心空间的风险事件、设施或项目出现风险危机的时候，有害性后果扩散、波及他们生活空间的可能性较高，如生活在风险项目所在地周边相邻的地市等。

次核心空间距离层的受众，由于并没有近距离、切实地感受到风险隐患的威胁，因此他们的群体特征并不明显，群体的界限也相对比较模糊。当风险信号强烈时，受众群体的风险恐慌性提高，为了寻求躲避风险、趋向安全的现实和心理保障，次核心空间距离层受众群体有向核心空间距离层聚拢、汇集的驱动力和倾向；而当风险信号不明显时，受众群体的风险恐慌度较低，受众群体呈现出分散无序的状态。次核心空间距离层的受众，对风险及传播持有关注度中等水平的观望态度。

次核心空间距离层的受众，对风险信息的需求处于中等程度，他们会较为关注风险议题的相关知识、发展趋势，并积极关注风险有无向自身居住空间发展的倾向。当风险或风险的有害性后果有进一步扩散的倾向时，次核心空间距离层的受众会迅速向核心空间距离层聚拢，他们对风险信息的关注度、主动性和风险信息需求都会快速提升；而当风险或风险的有害性后果不会影响或威胁到他们的生活空间时，次核心空间距离层的受众对风险信息的关注度就始终处于中等甚至降低的程度。风险信息的空间流动性对这一层级的受众群体影响较大。例如 2011 年日本福岛核电站爆炸，除了日本受众身处核心空间距离层，中国沿海与日本隔海相望的浙江多地首先受谣言影响引发大面积抢盐风潮，进而波及上海、江苏、安徽、湖北等沿海沿江地区。相对于日本福岛来说，中国各地的受众即处于风险项目及风险传播的次核心空间距离层，但此事件因核电站爆炸而引发核风险转变为现实的核辐射伤害——即我们说的风险信号强烈时，该空间的受众群体恐慌度提高，对风险信息的关注度和需求度迅速攀升。

（三）远空间距离层

远空间距离层，是指生活空间远离风险事件、风险设施或风险项目所在空间的受众群体，他们与核心空间层距离很远，生活区域也在次核心空间距离层之外。一方面，业已存在或发生的风险事件、设施或项目既不会对他们产生有害性后果，也不会对他们产生有害性的威胁；另一方面，这些风险议题也没有向他们的生活空间发展的倾向。例如，2015年4月6日发生在福建漳州的腾龙芳烃二甲苯装置发生漏油起火事故，对漳州当地产生的危害性后果是最为直接和严重的，所以当地受众对这一事件的新闻信息最为关注，其次则是漳州周边相邻的地市，而远离漳州的省市受众，对这一风险信息的关注仅限于对一般新闻的知晓和关注。

远空间距离层的受众，并未形成明显的群体特征，也没有群体边界，他们的个体性特征明显，无规律地分散在风险威胁的区域空间之外，对风险传播的关注程度也很低（相关专业研究者、对风险议题较为关注的受众例外，他们对风险信息的关注属于个体性特征的范畴）。远空间距离层的受众，对风险信息的关注更多出于个体兴趣和需求，而非居危思安的风险恐慌性信息需求。他们有的会主动关注风险信息，有的是随机关注新闻报道中的风险信息，有的则完全不关注风险信息。

四　受众信息期待与空间满足

在风险传播中，受众对风险信息有着各种各样的期待，这可能包含了：任何时候都可以获得有关风险的新闻、只选择自己相信的、感兴趣的风险新闻的可能性、更多的风险细节和知识、更有深度、更丰富的报道路径、有用的链接等。然而，与空间相联系，处于不同空间层次的受众在信息期待上可能具有不同的侧重，这对风险传播提出了新的要求：即风险传播应优先照顾风险项目的空间对应性，应符合不同层级受众信息期待的差异性；具体而言，就是风险传播的内容建构上应首要满足核心空间距离层的受众风险信息期待，其次满足次核心空间距离层受众风险信息期待，同时可适当兼顾远空间距离层受众风险信息期待。

（一）打造风险信息核心场域，防止“墙里开花墙外臭”

“危机情境下，常常由于其突发性特征导致信息严重不充分、环境不断变化、无法以常规方式应对等，因而个体往往面临高度的不确定性。作为信息接收方的个体，对于信息的需求就会更为强烈，也更倾向于表达自身对于风险的关注。”① 所以，当风险项目、风险事件在特定区域落地、发生时，当地媒体应迅速及时之反映——打造风险信息核心场域，以满足本地受众——即核心空间距离层受众的高强度、高密度信息需求，防止“墙里开花墙外臭”现象的发生。

受当地媒体与当地受众有着共同的生活区域、文化环境的影响，二者共同面对、体感风险，会给受众带来同心协力面对风险的群体安全感。在中国，各级大众传播媒体是党和政府的喉舌，受众常常认为媒体发布代表政府的声音，因此具有主流性和权威性。虽然现代社会以互联网为基础的新媒体发展迅速，受众随时随地都能通过各种媒体途径获得各种各样的风险信息，但受风险性质和风险空间性的影响，受众对与当地政府和官方媒体发布的信息更为期待和信任。② 从这个角度讲，当风险项目建设时，或当风险事件发生时，政府相关管理部门应第一时间做出反应，为媒体报道、传播信息提供应有的支持，积极回应受众有关风险的各种知识、政策、问题、疑虑等，迅速打造以共同空间为中心的风险信息核心场域，争取风险传播与互动的主动权，力图向受众传达科学准确的风险信息和评估、如实反映风险利害关系，争取与受众站在互相理解的立场上共享与交流信息，进而推动有益于社会发展的风险项目的建设，将风险的负面社会效应降到最低程度。

如前所述，由于风险项目的敏感性和风险事件的负面性，有关风险的各类报道在中国还存在地方保护主义，“墙里开花墙外臭”的现象时有发生。例如 2008 年的三鹿毒奶粉事件，早在 2007 年底三鹿集团已经接到

---

① 谢晓非、胡天翊等：《期望差异：危机中的风险沟通障碍》，《心理科学进展》2013 年第 21 期。

② 虽然有很多研究认为受众对风险管理机构和媒介怀有广泛的不信任，但是根据本书研究中的调查结果显示，受众在面对有着知识区隔和危害后果不确定的风险新闻及信息时，多数仍期待政府和官方的权威信息发布。

消费者的投诉，但其2007年至2008年9月在河北省质量监督院的产品检测居然显示合格，期间许多消费者的举报和投诉均被化解或掩盖。直到上海《东方早报》明确曝光三鹿奶粉，该事件才进入广大受众的视野，在社会上引起轩然大波；更为痛心的是，由于一开始的举报被政府和媒体掩盖，还有更多的婴儿受到毒奶粉的伤害。这就是刘洁教授指出的由于政府对负面新闻的控制而造成的“墙里开花墙外臭”，这种现象不仅会延误风险信息传播的最佳时机，还会破坏当地媒体和政府在受众中的公信力，亦有可能造成更为严重的风险后果。所以，当地政府和媒体的快速反应是满足受众风险信息期待的重要途径。

（二）周边媒体适切报道，防止过度围观

处于风险项目周边、毗邻的地方，受众对核心空间的风险态势持中等程度的观望心理，他们只有在风险向自己所处空间扩散和蔓延的条件下才会有强烈的信息需求和反映。因此，相对于核心空间，处于次核心空间的媒体只需要适度关注风险项目的进展即可，以防止引起受众对风险项目或事件的过度围观。

所谓适度关注，意即如果风险项目有给毗邻地区带来风险的较高概率，则应及时给当地受众通报告知，并提供客观、科学的风险知识和信息，帮助受众了解风险、消除疑虑；应积极关注核心空间内风险事件的发生和扩散，当风险事件有向周边地区扩散的趋势时，应迅速与政府、受众达成有效的信息共享和交流，防止事态的扩大和蔓延。相反，如果风险项目建设在政府允许的、安全的范围内，则务必禁止对风险概率进行臆想和预测，更不能为了吸引眼球和注意力而对风险项目或事件大肆报道，引起周边受众对风险项目的过度围观，进而滋生社会不稳定的情绪和事件。

（三）外围媒体客观选择，防止谣言传布

位于风险项目或事件远空间距离层的受众，对风险信息的关注度总体水平最低，虽有部分受众因为专业相关性或个体兴趣而对风险信息较为关注，但这不代表总体关注水平。处于风险项目远空间距离的外围媒体，对风险议题的关注，应遵守新闻选择和报道的基本规律：即根据媒

体自身定位决定是否报道、根据风险项目或事件的重要性决定是否报道，且在报道过程中一定要保证有关风险各类信息的科学性、真实性和客观性，以防止谣言流传、社会恐慌。

为什么这么讲呢？因为外围媒体报道核心空间的风险议题是有相当难度的，且因客观因素的影响而可能提高谣言滋生的可能性。首先，外围媒体试图介入核心空间的风险议题时，它们很可能会遭遇当地政府或媒体的阻碍，这缘于风险的敏感性而引发的地方保护；其次外围媒体遇到的阻碍一方面将会导致风险信息传播在时间到达上的延迟性，另一方面导致风险信息在空间流动中被各种噪音影响和改变而滋生谣言和恐慌。2002 年 SARS 疫情在广东发现初期，就是因为当地媒体反应不力、周边媒体与外围媒体反应不当而引发了谣言流传，进而导致大面积的社会恐慌。

空间、风险、媒介和受众，共同构建了风险传播的社会图景和社会关系。在风险传播中处于不同位置的受众有着不同的风险信息期待。只有认清了受众与风险传播的位置关系和空间距离，并了解不同空间距离的受众相异的信息需求，才能展开积极有效的风险传播活动，进而促进风险沟通的有效性，提高风险管理的绩效。

需要指出的是，伴随着互联网技术以及各种新媒体的兴起，空间距离对风险传播和受众分层都产生了一定的影响，这一话题我们将在后面集中讨论。

五 本章小结

古往今来的许多学者名家都曾对空间投入了相当的关注，这些关注显示出空间对人类社会强大的包容性和解释力。伊尼斯对空间媒介属性的思考，则将空间带入了传播学的研究视域。正是在这些前人研究的基础上，本章主要从空间距离的维度对风险传播中的受众分层展开讨论。

“风险是特定空间的风险”，风险总是以某种伴生的形式存在于特定的空间区域中；“媒介是特定空间的媒介，媒介活动生产了空间”，媒介的空间生产与风险的空间存在共同建构了空间、风险与媒介之间的社会关系和互动机制。受新闻价值的接近性、大众传媒的空间分布和报道能力及电子媒介的发展等因素的影响，风险传播在空间上表现出分布和影响范围的层次性；与受众在风险传播场域中位置的点状分布相对应，受众与风险传播之间的空间距离也呈现出层次性来。伴随受众所处的地理位置与风险及风险传播的空间位置关系由近及远的距离变化，我们将受众分为核心空间距离层、次核心空间距离层和远空间距离层三个层级。至此，运用空间维度对风险传播中的受众进行分层的意义就显露出来：受众在空间中所处层级不同，则群体构成不同，特点不同，信息需求不同。

面对受众差异化的信息需求进行有的放矢的传播活动往往可以有效提高传播活动的效率。因此，针对受众在风险传播中空间分布层级特点，我们将采取差异化风险传播方式来满足不同层级的受众信息期待，这主要地包括了打造风险信息的核心场域，防止风险报道“墙里开花墙外臭”；风险周边媒体适切报道，防止次核心空间距离层受众的过度围观；而外围媒体应客观选择、客观报道具有新闻价值的风险议题，以防止受众信息期待落空而导致谣言的传播等。

第四章

知识区隔维度的受众分层

你们说科学会使世界更完美，我们相信了。但你们看看今天的世界成了什么样子？①

——黛博拉·布鲁姆

现代社会的风险产生于现代化进程中科学技术的进步，因此，有关风险的各种知识和信息，既具有数学范畴的科学性，也具有认知范畴的社会性。“风险事件中技术的不确定性以及专业知识门槛，造成不同群体在风险感知中的差异。”② 媒介、科学专家、政府和企业以及受众之间的信息互动对风险知识的界定和建构、受众的受教育程度等共同决定了受众在风险传播中有关风险知识的位置分布，并进而决定了受众对风险信息需求的差异和风险感知的差异。

一 社会建构中的风险知识

知识是符合文明发展方向的、人类对物质世界和精神世界探索的结果的总和。20 世纪 70 年代之前，知识主要是从哲学角度来界定的，即“知识是人脑对客观世界的主观映像”。近年来，随着认知心理学的发展，对知识的概念有了新的界定。

---

① ［英］斯图尔特·艾伦：《媒介、风险与科学》，陈开和译，北京大学出版社 2014 年版，第 81 页。

② 戴佳、曾繁旭等：《核恐慌阴影下的风险传播——基于信任建设视角的分析》，《新闻记者》2015 年第 4 期。

知识是个体通过与其环境相互作用后获得的信息及组织。[①] 从构成上讲，知识自身分为陈述性知识和程序性知识。陈述性知识是与事实、理论和事件有关的知识，涉及“是什么”，陈述性知识随时可以提取，但也容易因为记忆痕迹消退或受到干扰而产生遗忘。程序性知识更多地体现为技能和程序，是关于事情应该“怎么做”的行为性知识。而认知观中的知识包括特定领域知识和一般知识：特定领域知识指特定情境中有用的信息或主要适用于某个特定主题的信息，一般知识指在许多不同的任务中都有用的信息或能应用于许多情境中的信息。[②]

现代社会的风险大部分“源自社会技术体系，而不是源自自然现象”[③]；同时，风险又“是与现代化的威胁力量以及现代化引致的怀疑的全球化相关的一些后果”[④]，它们是现代化的一种大规模产品。而且，“风险的界定是基于数学的概率和社会的利益，特别是当它们带着技术的可靠性被提出来的时候”[⑤]。正是从这个意义上，贝克指出，“所有处于知识生产范围内的有关文明风险和危险的判断，从来不仅仅是知识实质的问题（调查、假设、方法、程序、可接受的值等）。它们同时也是有关谁受苦难、危险的范围和程度、威胁的因素、受牵连的人口、延迟的影响、需要做的测量、要负责任的人以及补偿要求的判断”[⑥]。所以，本研究中的有关风险的科学知识，是特定（风险）领域中陈述性知识和程序性知识的总和，它还同时包含了科学技术的本体论和风险知识的认识论。正是从这个意义上，我们认为，现代的风险中所蕴含的知识，既具有其自身本体所包含的科学性，又具有其与所存在的社会之间的互动的社会性。现代社会的风险（知识），“同时依赖于科学和社会的建构”[⑦]。

---

① 李铮：《心理学新论》，高等教育出版社 2001 年版，第 101 页。

② ［美］安妮塔·伍尔福克：《伍尔福克教育心理学》，伍新春等译，中国人民大学出版社 2015 年版，第 265 页。

③ ［英］尼克·皮金、［美］罗杰·E. 卡斯帕森、保罗·斯洛维奇编著：《风险的社会放大》，谭宏凯译，中国劳动社会保障出版社 2010 年版，第 13 页。

④ ［德］乌尔里希·贝克：《风险社会》，何博闻译，译林出版社 2004 年版，第 19 页。

⑤ ［德］乌尔里希·贝克：《风险社会》，何博闻译，译林出版社 2004 年版，第 29 页。

⑥ ［德］乌尔里希·贝克：《风险社会》，何博闻译，译林出版社 2004 年版，第 62 页。

⑦ ［德］乌尔里希·贝克：《风险社会》，何博闻译，译林出版社 2004 年版，第 190 页。

（一）风险知识的科学性

风险知识的科学性，基于风险知识本体论的基础，主要是指风险知识中所蕴含的关于专业知识的科学技术原理和公式理论，我们对风险的社会讨论和感知必须基础性地依赖于科学的论争。“当成功增长的时候，科学发展的风险似乎以更高比例在增长；当付诸实践时，解放的途径和前提实际上同样展示出它们消极的一面，而这些也将成为科学的研究对象。”[①] 因此，科学在其发展过程中，一方面为解决自身的缺陷和不足而努力，另一方面却会制造出更复杂的风险后果。从这个意义上来说，风险与科学如影随形，它既是科学发展的结果，也是科学发展的动力，科学知识内含于风险之中。

首先，作为科学技术发展伴生品的风险，内涵科学性是其本质特性。在前文有关“风险”的定义中，我们已经明确，本书讨论的风险主要是指由于科学技术进步带动社会经济、财富发展的过程中所引起的，可能会对人类社会、生态环境带来的严重负面结果的概率，也就是说，风险是科学技术进步进程中引发的、存在无法克服的负面结果的可能性，它是科学技术的伴生品，正如贝克所言，“它们基于因果解释，而且最初仅仅是以有关它们的（科学的或反科学的）知识这样的形式存在”[②]。

英国皇家学会认为风险是一种可能性：不利事件在规定时间范围内发生，或产生于某特定挑战的可能性。作为统计理论意义上的可能性，风险服从于已知的概率累积法则。[③] 而风险评估是识别可能引起事故、灾害或者带来伤害的危险的过程。[④] 从技术危害性后果的可能性和概率来定义风险，既暴露出现代化进程中科学技术的不完善，也暴露出有关风险技术的不可控性。同样地，这种概率计算和评估也仅限于科学的范围内，风险内在地散发着科学的气质。

例如，核能是一种高风险科技项目，核风险是核能技术发展带来的

---

① ［德］乌尔里希·贝克：《风险社会》，何博闻译，译林出版社2004年版，第191页。

② ［德］乌尔里希·贝克：《风险社会》，何博闻译，译林出版社2004年版，第20页。

③ ［英］大卫·丹尼：《风险与社会》，马缨等译，北京出版社2009年版，第15页。

④ Manthoupe. J, “Risk Assessment”, in M. Davies（ed.）, *The Blackwell Encyclopaedia of Social Work*, Oxford: Blackwell, 2000, p. 298.

必然后果。什么是核风险呢？“它是起因于核装置内任何辐射源发射的电离辐射，或核装置中的核燃料或放射性产物或废物发射的电离辐射，或来自或送往核装置的核材料所造成的，不论它是由此类物质的放射性质还是由此类物质的放射性质同毒性、爆炸性或其他危险性质的结合所造成的，并因该风险而导致的核损害。”① 从对核风险的描述中我们看到，核技术中所包含关于核燃料、核装置以及核能技术中重元素的裂变、轻元素的聚变，核裂变之后产生巨大能量的各种化学、物理和数学计算等专业知识，这些均显示出科学技术在核风险中的基础性解释地位。不仅如此，核风险的重大后果在什么范围内是可接受的？可接收具体在数量和质量上如何界定？对人体健康和后代、对环境生态的影响到底可以量化到何种程度？如何可以提高核技术的安全性而降低其危害性，等等，对于核风险的社会性描述，也必须依靠核技术相关的科学研究、数学计算和统计才能回答，而且也只有核技术专家才能回答。因此，我们可以说核风险是核科学技术发展的后果。

其次，作为科学技术发展动因的风险，技术革新性是内在逻辑。科学自身同时是它们要去加以分析和解决的现实和问题的产物与生产者。“以这种方式，科学不仅被当作一种处理问题的源泉，而且是一种造成问题的原因。”② 伴随科学技术的进步，早期的风险会被新的认知和结论否定、修改或消除，科学“客体（科学的风险）”导致了科学主体（科学知识）的裂变、修正和完善，技术革新性成为基于化解风险为目标的科技进步的内在逻辑。

因现代化技术发展而产生的风险，是科学技术内含的未知性、危害性的不确定性，改进或者消弭这种风险成为科学技术进一步发展的强大动因；同时，原有风险中包含的科学技术的复杂性，也在此过程中变得更为复杂，并进而可能产生新的风险。“风险不断增加的复杂性既带来了更为复杂而且更为精确的计算的要求，同时也导致了这种计算的不可能

---

① 中国保险监督管理委员会：《财产保险危险单位划分方法指引第 12 号：核电站运营期》，2007 年 4 月 29 日。

② ［德］乌尔里希·贝克：《风险社会》，何博闻译，译林出版社 2004 年版，第 191 页。

性。”[①] 科学技术发展带来风险，对科学风险的反思和批判又推动科学技术进步来消除风险，这也正是贝克所说的初级科学化向反思性科学化发展，且科学技术自身循环上升的科学发展模式。

综上所述，文明进程中的风险，都离不开科学的“感受器”——理论、实验和测量工具，从而使风险变成技术性可见、可解释，并可以被技术发展逐步消解的危险，对风险的界定和感知依赖于科学知识的论证。

（二）风险知识的社会性

“科学知识社会学和技术社会学采取了一种以具体情景和实践为中心的方式，其处理的问题是技术得以被建构、被颁布和被维持的社会的、体制的和技术的过程。”[②] 包含科学技术的风险知识亦是如此。风险的产生、发展和传播均离不开其所在的社会综合环境，并与社会深刻地交织在一起，“风险破坏了在内部处理错误的可能性，而迫使我们在科学、科学实践和公共领域的关系间进行新的劳动分工”，“风险得以被科学地开放和对待的大门，就是科学批判、进步批判、专家批判和技术批判”[③]，因此，讨论风险，我们“有必要跨越各种知识边界，并将注意力集中于知识——实践的无边界本性，这些知识——实践可以是科学的、媒介的，也可以是政治的、商业的。”[④]也正因为如此，有关风险的科学知识很难简单依据科学的观察和计算而得出结论，它同时还包括专家意见和反专家意见的讨论，包括媒介对风险知识的构建和传播，包括政府的风险评估和判断，并包括伦理道德的议题。所以说，风险知识的社会性，反映的是风险知识认识论的表征，它主要指风险知识中反映的、有关风险的社会实践与反思经验的社会属性，包括了风险的媒介化和社会建构。

具体而言，风险虽然来自科学技术，但在与社会的接轨和互动中，

① ［英］芭芭拉·亚当、乌尔里希·贝克等编著：《风险社会及其超越》，赵延东、马缨等译，北京出版社 2005 年版，第 2 页。

② ［英］芭芭拉·亚当、乌尔里希·贝克等编著：《风险社会及其超越》，赵延东、马缨等译，北京出版社 2005 年版，第 123 页。

③ ［德］乌尔里希·贝克：《风险社会》，何博闻译，译林出版社 2004 年版，第 197 页。

④ ［英］芭芭拉·亚当、乌尔里希·贝克等编著：《风险社会及其超越》，赵延东、马缨等译，北京出版社 2005 年版，第 2 页。

它们需要被社会地界定和评价——在大众媒介中，在专家论证中，在众说纷纭的解释和判断中，在法庭上和战略智慧的躲闪中，在社会背景和过程中——这些都促成了风险社会化的过程。不仅如此，包含着推动社会进步的经济决策的风险，在其社会化的过程中也总是包含着利益和争论，“在风险的界定中，科学对理性的垄断被打破了。总是存在各种现代性主体和受影响群体的竞争和冲突的要求、利益和观点，它们共同被推动，以原因和结果、策动者和受害者的方式去界定风险。”① 也正如格拉斯纳所认为的，“任何有关风险的讨论都既是关于文化、组织、认识、控制和活动的，同时也是关于风险是如何被专家建构的”②。奥特温·伦内还将这些利益主体纳入讨论，他的风险的社会竞技场理论从利益群体对风险界定和认知的竞争角度分析了风险社会建构的主体。

综上所述，“技术并不是作为某种直接的、无媒介的方式被体验的，相反地，在不同社会和制度背景中，技术以不同的方式被建构和消费。”③对有关风险的科技知识的社会建构，主要是由政府、企业、科学专家、媒介和受众等群体的共同参与而完成的。

第一，关于风险的社会建构，“重要的影响因素很多，大众传媒是其中最重要的一种”④。为什么这样说呢？媒介化社会是现代社会基本的交流路径和互动方式，讨论风险知识构成的社会性，这是无可避免的社会背景和环境。作为科学技术伴生品的风险，它诞生在科学实验室，落地于企业厂房或者生产线，如果缺少了媒介的生产、建构和传播，受众根本无从了解风险；即使风险爆发而转变成为现实的伤害，我们也只能感觉到恐惧或者病痛，但风险究竟是怎样的？它是如何爆发的？风险怎样运转？其危害性的质和量到底如何？我们仍需要媒介来帮助我们搭建认知风险的桥梁。从这个意义上讲，风险的社会性首先表现在它是媒介化的，它不仅经由媒介技术性地生产和建构，还经由媒介社会性地呈现在

---

① ［德］乌尔里希·贝克：《风险社会》，何博闻译，译林出版社2004年版，第28页。

② ［英］芭芭拉·亚当、乌尔里希·贝克等编著：《风险社会及其超越》，赵延东、马缨等译，北京出版社2005年版，第160页。

③ ［英］芭芭拉·亚当、乌尔里希·贝克等编著：《风险社会及其超越》，赵延东、马缨等译，北京出版社2005年版，第129页。

④ Tulloch J. and Lupton D. , *Risk and Everyday Life*, London: Sage, 2003, p. 86.

受众面前，并可能因此发展出新的社会风险；在此过程中，媒介自身的生产规律、信息选择与构建、传播方式等也同时会对风险的媒介建构产生决定性的影响。因此，风险的高度复杂性，还要求我们必须充分关注媒体再现在社会公共领域的生产方式、传播方式和妥协方式。①核心之处在于，风险传播中的媒介承担着风险知识最终与受众见面的话语权和中介角色，无论是政府、企业还是科学家、受众，他们有关风险知识的信息建构、传播和交流，仍需以各种类型的传播媒体为介质和平台。“媒体强烈地影响着风险定义、风险选择、风险知识、风险分配、风险评估、风险控制等，大众媒介既是形成风险认知的核心，也是解释人们风险行动的核心。”② 所以说，各种类型的大众传播媒介，是风险知识社会建构中最重要的因素。

第二，科学专家及其所掌握的科学知识是风险知识社会建构不可或缺的理论支援，风险知识的争议性反映了其社会建构性。一方面，从风险的本质上看，风险中包含的科学原理与知识，有且只有科学专家才能讲述清楚，科学专家是风险知识科学性得以呈现的必备因素；另一方面，从风险传播的角度看，受众对风险中包含的专业知识的感知是影响他们是否信任风险新闻的重要因素，而知识的专业维度则是组织面对受众传播风险信息的能力表现。以上两方面都反映出科学专家及其他们所掌握的科学知识在风险传播中的专业支撑性。

但同时，包含着高科技的风险议题中仍存在科学上的争议性，这在风险传播中也表露无遗。“选择专家并引用其话语，是媒体争夺结构性影响力的重要策略之一。不同专家构建不同版本的‘风险故事’，并展开对于科学技术的意见争夺。”③在有关风险的新闻报道中，科学专家的加入，增加了风险信息的科学性和专业性，也同时提升了风险报道的科学性和专业性，但因不同的专家常常站在不同的立场上，表达不同的意见和建

① ［英］斯图尔特·艾伦：《媒介、风险与科学》，陈开和译，北京大学出版社 2014 年版，第 9 页。

② 全燕：《基于风险社会放大框架的大众媒介研究》，博士学位论文，华中科技大学，2013 年，第 16 页。

③ 戴佳、曾繁旭等：《风险沟通中的专家依赖：以转基因技术报道为例》，《新闻与传播研究》2015 年第 5 期。

议，抑或加深了风险传播的知识鸿沟。关于此，厦门 PX 事件中化学家赵玉芬对 PX“剧毒”的论断与其他科学专家之间的论争、茂名 PX 项目中的“百度词条保卫战”[①]、转基因作物安全性的社会讨论等都是此类现象有力的证明。正因为如此，有关风险的科学知识通过科学专家和媒介传播而社会性地构建起来。

第三，政府和企业最有可能形成联盟，通过对风险知识的社会建构而使其成为他们合作的技术型工具。虽然风险伴生于科学技术的发展，但这只是纯粹基于科学技术本身的考量；风险之所以能够进入现代社会体系，则主要因为它是“假定工业的，即技术经济的决策和实用性考虑”，而且，“这种决策制定从来不是个人作出的，而是由整体组织机构和政治集团做出的”[②]。所以，政府对风险的社会建构，可能基于国家利益（如核武器的研发、核电站的建设等），可能基于公共服务（如公共风险设施），也有可能基于地方经济和就业的促动（如化工项目等），社会利益驱动的政府立场决定了其对风险的界定和结构带有强烈的政府主导意志或宣传引导。而企业对风险的知识建构，则来源于经济利益的刺激诱惑力，使其在风险项目有关知识的构建上自觉地选择有利于维护企业生产和发展的正面信息，包括有关风险评估的可行性、风险管理的科学性、有关风险的低概率等共同构建风险项目的安全性等。理论上讲，媒介作为风险呈现给受众的最终介质，拥有一定意义上的风险话语权，但在中国，“传统媒介与政治有着密切的从属关系，当风险事件的发展与政治发生冲突且政府有明确的立场时，传统媒介的信息传播则需与其保持一致。”[③]政府和企业的社会利益、经济利益立场，导致他们在风险传播的知识构建中支持了风险项目“安全性高”的主张，而这往往也是导致受

---

① 百度词条保卫战：在 2014 年 3 月的广东茂名 PX 事件发生期间，2014 年 3 月 30 日，有人将 PX 的百科词条由“低毒”改为“剧毒”，以清华化学、化工两系学生为主力的保卫者保卫“低毒”属性长达 120 小时。在此期间，该词条被在“低毒”与“剧毒”之间被反复修改 28 次之多。直到 4 月 4 日，由于清华化工系提交了官方的 PX 相关介绍，百度百科锁定 PX 词条在“低毒”属性上，事件结束。

② ［德］乌尔里希·贝克：《世界风险社会》，吴英姿、孙淑敏译，南京大学出版社 2004 年版，第 67 页。

③ 朱田凤：《场域视野下的风险传播与论争——以厦门 PX 事件为例》，《新闻知识》2016 年第 5 期。

众对政府和企业的意图产生质疑和不信任、进而导致更加抵触风险项目的重要因素之一。

第四，作为风险传播目标对象的受众，也会对风险知识的社会构建产生影响。

由于新闻媒介技术尤其是自媒体的普及，受众在传播中的身份转变为“传受一体化”，这为他们在风险传播的对话中争得了一定的话语权，甚至可以帮助他们在与传统媒体之间展开的“安”“危”的风险论争中取得胜利，厦门PX项目的接连改址就是最有力的证明。[①] 受众话语权的提升，使得他们对风险的认知和主张有了进入风险传播场域的契机，也使他们的意见和建议有了参与风险知识社会建构的可能，近年来有关雾霾天气的讨论、有关转基因作物的社会争端等都显示了受众在风险知识社会建构的参与度和影响力。但是客观地看，受众的这种影响力是偶然的和微弱的，因为他们既无力真正深入风险科学技术的内核，也很难对由政府、企业和媒介共同建构的风险科学知识产生反思性判断。受众对风险的判断更多的是基础的“安全”需求和对风险“不确定性”的恐惧情绪。

综上所述，有关风险的科学知识，既有其天生于内的科学技术性，也有因社会多方参与而杂糅的社会建构性。正是因为风险知识的复杂性机体，才导致了风险传播中的知识鸿沟，将饱含知识表征的风险与受众区隔开来。

二　知识区隔中的风险传播与受众

既有的社会学传统表明，我们应考虑风险科学技术被社会地建构和传播的过程。在现实世界中，风险知识的科学技术性并不是作为某种直接的、无媒介的方式被体验的，它是以科学技术为基础、在不同的社会和制度背景中、被利益相关方社会性地建构、并经由媒介传递出去；而这种被媒介和社会共同建构的、复杂的风险知识，带有强烈的偏向性。对大多数受众而言，他们既不可能成为各个风险领域的科技专家，也很

① 朱田凤：《场域视野下的风险传播与论争》，《新闻知识》2016年第5期。

难在复杂的风险信息海洋中准确地把握要害；无论是与风险紧密相关的科学技术参数指标，还是经由媒体、政府构建的“风险知识”，抑或二者的结合——风险知识的区隔，都让受众陷入科学、理性认知风险的困境。从这个角度来说，传者意图及其对风险知识的社会构建，可能是风险传播中导致“知识区隔”产生的主导性因素。

（一）传者维度：风险传播的偏向

从技术上讲，风险传播中的知识区隔首先明显地表现于传播媒介。而伊尼斯也认为，传播和传播媒介都有偏向。虽然他的讨论是基于媒介自身的特性，但他认为传播媒介的性质往往在文明中产生一种偏向，这在一定程度上也反映出媒介的偏向性与文明所依附的社会文化环境、技术发展之间的关涉。艾思德和斯诺的“媒介逻辑”也反映了媒介对“真实世界”本身以及对“真实世界”的塑造和建构的影响，这种逻辑表现过程包括材料怎么组织、材料的呈现风格，关注和强调的重点以及媒介传播的法则。媒介的逻辑即媒介在新闻选择和信息传播过程中所遵循的逻辑，这种逻辑暗含着无意识的媒介偏向。

不仅如此，风险传播还不可避免地接受政治意识形态的影响和制约。1986 年，Covello 将风险传播定义为“在利益团体之间，传播或传送健康或环境风险的程度、风险的重要性或意义，或管理、控制风险的决定、行为、政策的行动”①。1993 年被誉为风险沟通鼻祖的 Peter Sandman 认为：为有效地预防和降低风险，需要应用风险传播的策略加强政府与媒体的沟通、专家与大众的沟通，统一对风险的认知，取得相互信任。② 所以，风险传播虽然是媒介对风险议题及相关信息的再现和传播，但其中包含了媒介、政府对风险的界定和评估。

媒介偏向和政治意识形态共同作用，则导致了风险传播的偏向性，这种偏向性内含于风险传播的内容和构架、表征于风险传播中的新闻价

---

① Covello, V. T., Slovic P. & Von Winterfeldt, D., *Risk Communication: A Review of Literature*, Risk Abstracts, 1986, p. 172，转引自林爱珺、吴转转《风险沟通研究述评》，《现代传播》2011 年第 3 期。

② 林爱珺、吴转转：《风险沟通研究述评》，《现代传播》2011 年第 3 期。

值偏向、意识形态偏向和科学理性偏向。

第一，风险传播中的新闻价值偏向。“新闻媒体没有很好地报道科学”，“原因在于大多数科学类型都不具备新闻价值。”① 新闻价值是有关风险议题是否会被选择和报道的首要判断，判断主体是媒介组织和记者编辑。作为科学技术进步内含的风险其新闻价值是不足的，因为它并不会对整个社会造成威胁和影响。而只有当这种风险与现实世界发生联系时，尤其当它引发强烈的社会关注或发生剧烈的社会事件的时候，它才具备了被报道的基本资质——新闻价值。例如，当核技术、基因技术只在实验室内进行的时候，其内含的风险并不会被作为新闻报道出来。但是，当核爆炸发生时、当转基因作物普遍种植进入社会生活且引起受众的质疑和论争的时候，媒介和记者才会将这些风险报道出来。在报道中，依据新闻价值的判断，冲突、故事和人常常是风险报道的主要内容，而有关风险的科学知识仅仅是作为背景材料出现的，报道中的科学理性也被建立在社会理性的基础之上。这种从新闻传播角度来看待风险的做法，导致风险报道在选取报道内容、方式的时候偏向于那些符合媒体定位和编辑方针的风险议题和事件。

第二，风险传播中的意识形态偏向。菲什曼认为，“社会是按照官僚机构的形式组成的。……这种‘官僚机构意识’，使记者们能够准确地知道自己应该从哪个角度切入，来看看事件在不同的阶段是如何交错向前发展的。”② 风险本身不具有意识形态性，但是当风险经由政府、企业进入社会或公共领域的时候，它就加入了意识形态的偏向。因为，“风险暗含着决策。面对这种灾难性潜能，政治决策绝对是至关重要的。”③ 而面对风险的威胁，“媒体在组织并传播相关的经济决策和政治控制的知识方面，发挥了重要作用”④。意识形态与媒介的合谋导致了风险传播中的意

---

① ［英］斯图尔特·艾伦：《媒介、风险与科学》，陈开和译，北京大学出版社 2014 年版，第 81 页。

② ［英］斯图尔特·艾伦：《媒介、风险与科学》，陈开和译，北京大学出版社 2014 年版，第 97 页。

③ ［英］芭芭拉·亚当、［德］乌尔里希·贝克等编著：《风险社会及其超越》，赵延东、马缨等译，北京出版社 2005 年版，第 19 页。

④ Beck U, *Ecological Politics in an Age of Risk*, Cambridge: Polity, 1995, p. 101.

识形态偏向。这种偏向会使风险传播因关注风险的政治要求、经济效益而选择正面的、社会性的风险信息，同时弱化风险本身。

第三，风险传播中的科学理性偏向。风险传播中的科学理性，是指基于新闻价值和意识形态的科学理性而非科学技术本身的科学理性。依据贝克的观点，“风险的界定是基于数学的概率和社会的利益”，“科学总要放弃他们的实验逻辑的根基，而与商业、政治和伦理建立联系”，而“风险的维度就被局限在技术的可管理性上”①。例如，对风险而言，怎样安全才是足够的安全？不是没有人员伤亡，也不是没有危害性，而是风险发生的低概率、危害性的低比率（注意：不是零概率，也不是零比率）；风险正是通过这种“可接受水平和计算过程的专横，或长期后果的不可想象性，及通过统计将这些（危害性）后果变得匿名”。数学的统计与概率、社会的利益和技术的可管理性等，表面上看起来都是科学的逻辑，但却不是有关风险自身的科学的逻辑，那些看似科学的逻辑在风险传播中承担了提高风险报道科学理性的功能。

风险传播中的偏向性，导致媒介化了的风险知识成为由复杂信息构成的、带有强烈主体导向性的信息杂糅体，增加了受众学习、认知风险的难度，扩大了风险传播和受众之间的知识距离，甚至带来了受众对风险传播、政府和企业的不信任。风险传播的偏向性是媒介内部动因和外部动因共同作用的结果。

媒介的内部动因，主要是指媒介内部组织和传者个体对风险报道偏向的影响。媒介所属的社会身份、市场定位等都会对其风险报道产生决定性的影响；作为组织内的传者个体——记者、编辑等，也会因个人的风险专业知识、媒介专业素养及个人偏好等的不同，在风险传播中表现出一定的偏向性。作为传者的媒介组织和个体，其对风险展开报道首先是基于新闻价值的判断标准——例如风险的冲突性、故事性——而非风险的科学知识；而科学知识仅仅是作为帮助受众理解风险的背景材料出现的。另外，一方面，普通记者和编辑往往缺乏风险相关的专业知识背景，另一方面，为了增加新闻的可读性，风险报道中的科学知识往往被他们转化成受众可理解的话语和框架表现出来。在这个过程中，风险的

---

① ［德］乌尔里希·贝克：《风险社会》，何博闻译，译林出版社 2004 年版，第 29 页。

新闻特征被强化而科学知识特征被弱化甚至修改，风险报道的这种偏向增加了受众理解风险知识的难度。

媒介的外部动因是指政府、企业和科学专家等与媒介之间的关系所导致的风险报道的偏向。在讨论风险知识的社会性时，我们已经论述过政府、企业等对风险知识建构的影响，这种影响会在风险报道和争论中以内容选择、立场、价值观等偏向的形式表现出来，且这种偏向性会引导受众对风险的态度和感知。例如，伊恩·威尔什在讨论核能时就深入分析了以国家意志为主导发展核武器的立场在新闻报道中呈现出来的偏向性，“在国家的层面上，科学、军事和政治的欲望推动政策朝着核膨胀主义的方向发展，而核膨胀主义的基础是对经济和科学领域中风险的积极接受。这种精英共识一旦被注入公共领域，就得到商业界人士的热烈拥戴。……对技术和经济上的风险的批评被立刻解读成不爱国的行为，欲望取代了理性，并导致国内批评的边缘化和对公众怀疑的严重忽视。”①

风险传播中包含了以新闻价值、意识形态和科学理性为表征的偏向性，这种偏向性是媒介内部（媒介组织与传者个体）与外部（政府、企业与科学专家等）共同作用的结果；风险传播的偏向性是导致风险传播与受众之间产生知识区隔的技术性因素，而风险知识的媒介化，则是风险传播与受众之间存在知识区隔的本质性因素。

（二）对象内容：风险知识的媒介化构成

人类业已生活在一个媒介化社会的时代，风险也无可避免地成为媒介化的风险。现代化的风险来源于现代工业化的进步，它们分布于生态、生物、核、化工等各个不同的高科技专业领域，每一个领域都有着系统而庞杂的专业知识构架，也就有着自成一体的专业话语系统。但是，从全球来看，风险的语言结合了抽象性和“科学的”真实性，赋予风险概念一种被主观认定的客观性的光环。②正是因此，贝克认为，面对风险所带来的不确定性，媒介在组织并传播相关的经济决策和政治控制的知识

---

① ［英］芭芭拉·亚当、［德］乌尔里希·贝克等编著：《风险社会及其超越》，赵延东、马缨等译，北京出版社 2005 年版，第 149 页。

② ［英］大卫·丹尼：《风险与社会》，马缨等译，北京出版社 2009 年版，第 23 页。

方面，发挥了重要作用。[①] 但是，虽然风险是通过媒介呈现和传播的，风险知识却是一个包含了多重知识维度的复杂体。因为，“每一个利益团体都希望通过风险的界定来保护自己，并通过这种方式去规避可能影响到它们利益的风险。”[②]

风险知识的媒介化，首先包含了媒介的选择和界定。选择就是决定哪些风险可以报道、风险中的哪些事实可以呈现给受众？界定就是要明确风险是什么？所谓风险的科学是怎样的？有关风险的报道中，新闻价值并不是风险得到选择和报道的唯一标准，也不是所有风险都始终得到媒体报道。议程设置理论向我们提示：媒介在报道议题、议题重要性的排序拥有绝对的主导权，而非议题本身。甚至有学者认为，“记者介入风险界定的过程，包含了一系列用于认识世界或者误读世界的程序。这个过程充满了矛盾性、含糊性和不确定性”[③]。所以，风险传播也需要依据媒介的价值观和选择标准，并以按照新闻报道的撰写和编辑规律对风险知识进行改造、构建和传播。虽然媒体只是拥有风险界定和建构的话语权，但是这种话语权却具有相当的意义，因为受众均将通过媒介来认知和了解风险。

其次，媒介化的风险知识还包括媒介化的科学技术知识，尽管这些未必是科学技术知识本身。“评价风险报道的好坏，主要是看它们在多大程度上反映了科学的观点、在多大程度上促进了旨在消除错误观念的公共教育。”[④] 作为风险传播者，媒介不仅要为受众提供“风险”的概念和知识、风险的安全评估系统，以及政府或媒介预期受众所能达到的风险认知。为了使得自己的“风险知识”看起来饱含科学性，媒介的风险报道中就必然要提供有关科学的知识，这可能包含了专业术语、公式符号或运作原理；不仅如此，媒介还会邀请与自己立场一致的“技术专家”的支持，风险根据需要在知识里被改变、夸大、转化或者削减。有科学

---

① Beck U, *Ecological Politics in an Age of Risk*, Cambridge: Polity, 1995, p. 101.

② ［德］乌尔里希·贝克：《风险社会》，何博闻译，译林出版社2004年版，第31页。

③ ［英］斯图尔特·艾伦：《媒介、风险与科学》，陈开和译，北京大学出版社2014年版，第111页。

④ Hornig. S, *Reading Risk: Public Response to Print Media Accounts of Technological Risk*, Public Understanding of Science, 1993, p. 96.

家就认为，记者的介入“使得自然知识……就像是被掺了水后再滴落下来供公众消费的东西，其理论内涵丧失殆尽”。①所以，即使被选定可以进入受众的视野，风险仍需通过媒介的形塑和打造，并最终以看起来充满科学性的样貌和构架进入风险传播的场域。

再次，“风险定义和风险管理的媒介化本质会产生出新的风险”。②媒介对风险进行了建构，从而使其在对风险的揭示和参与中也成为一种制造风险的技术。例如，伊丽莎白·贝克－格伦歇姆、彼特·格拉斯纳和希拉里·罗斯的研究③，说明了基因风险是如何被旨在提高公众有关技术及其风险含义的知识的媒介所修改的，因为人类基因计划的大多数产物最终可以被归为一种简单的宣传。斯图亚特·阿兰也指出，“新闻媒体在提供意义的文本封闭圈方面扮演的重要角色，通过这种文本封闭圈，风险被平息下来，作为一种服务于维持现存统治关系的特定利益的话语仪式而得到规制。”④经过媒体“修改”和“平息”的风险威胁在实际中并没有消失，他们只是以符合安全评估和管理的形式被媒介“科学地”隐匿起来——受众既不可能了解真的风险知识，也无法确定其安全概率，一切都具有“科学的不确定性”。风险媒介化的不可见性也使风险在通过专家、政府等塑形公共争论方面变得容易，进而产生有关政治、民主和信任等新的社会风险。

最后，媒介化的风险知识还包含了政治话语。政府是制定风险管理相关制度和行业规则的主体。在公共部门中，管理人员给专业人员设定了政府所规定的目标，管理上的强制性支配了专业方面的考虑，专业的重要性已经被一种专业主义的管理形式所替代。⑤在此，有关风险的科学

---

① Cooter. R & Pumfrey. S, *Separate Spheres and Public Places: Reflections on the History of Science Popularization and Science in Popular Culture*, History of Science, 1994, p. 237.

② ［英］芭芭拉·亚当、［德］乌尔里希·贝克等编著：《风险社会及其超越》，赵延东、马缨等译，北京出版社2005年版，第36页。

③ ［英］芭芭拉·亚当、［德］乌尔里希·贝克等编著：《风险社会及其超越》，赵延东、马缨等译，北京出版社2005年版，第34页。

④ ［英］芭芭拉·亚当、［德］乌尔里希·贝克等编著：《风险社会及其超越》，赵延东、马缨等译，北京出版社2005年版，第27页。

⑤ Foster. P. and Wilding. P, *Whither Welfare Professionalism?*, Social Policy and Administration, 2000, p. 143.

知识被局限在技术和形式的可管理性上，风险项目的危险性和危害性将以某种官方可接受的阈值来限定，在此范围之内，它就是安全的和可行的。所以，当媒介展开传播活动的时候，如果风险项目有着强烈的“政府主导”或“经济利益”趋向，那么风险传播的科学性将转换为管理的（而非风险的）科学性、可接受的安全性（安全指标以内）等，科学执行规范将同时遵循技术理性和社会理性的双重规则。

受媒介偏向性的影响，媒介化的风险知识，是同时包含了媒介选择与界定、科学知识、风险管理和政治话语等在内的知识的杂糅体；这种杂糅的风险知识，是风险传播中风险与受众之间的知识区隔产生的本质性因素。

（三）受众构成：复杂多元的个体性特征

受众的个体化特征是影响风险传播与受众之间知识区隔的、决定性的主体因素。风险传播中，媒介“不仅为公众提供‘科学’的概念界定，在它们的传播中实际上也构建了‘公众’的形象，以及预期或希望公众所能达到的‘了解’”①。麦克唐纳所说的“公众”，指的就是风险传播的受众，他也尖锐地指出在有关科技风险报道中所蕴含的、以传者为主导的对受众科学认知的构建、引导意图。但是，在风险传播的现实中，受众的构成具有空间内聚集的多元随机不确定性，即受众具有多元个体性，这包括了受教育程度、专业背景、个体兴趣等，以及由此而形塑的媒介素养、科学素养。

第一，风险传播中的受众是多元的、随意的、个体的，导致他们在认知风险的能力上具有差异性。在任何一个风险传播的场域之内，受众都是由性别、年龄、职业、受教育程度、专业背景等不同的人群共同构成的，这将决定了群体中的每一个不可能同等地具有认知、了解风险的能力；换句话说，风险传播中的受众在认知风险的能力上是有差异的，这种差异不仅表现在认知能力的程度上，还表现在认知能力的维度上。认知能力的程度差异主要是由受众的受教育水平决定的：受教育水平越

---

① ［英］斯图尔特·艾伦：《媒介、风险与科学》，陈开和译，北京大学出版社2014年版，第74页。

高，受众认知和理解风险知识的能力越高；受教育水平越低，受众认知和理解风险的能力越低。认知能力的维度差异，则主要是由受众个体的专业知识背景决定的。受风险议题多元化分布的影响，无论是科学专家还是普通受众，都很难同时对多个领域的专业知识有系统的认知和了解，越是到科学技术的尖端阶段，其专业性和排他性就越高。因此大卫·丹尼认为："专业知识或准专业知识的传播所导致的可能结果之一就是，服务对象（即受众）可能由于专业基础知识的缺乏，只能部分地理解某个特定风险的复杂性。"①这就是专业背景的差异带来的、受众认知风险的维度差异；但无论是程度差异还是维度差异，都给受众认知风险带来了知识区隔，这些区隔则主要表现为风险的高科技知识水准与广大受众普遍的风险知识不足之间的鸿沟。

第二，受众的媒介素养和科学素养不足也是造成风险传播中知识区隔的重要因素之一。受众的受教育程度和文化知识的理解水平会影响受众对风险知识的认知和理解能力，也会影响受众的媒介素养和科学素养。媒介素养是指人们获取、分析、评价和传播各种媒介信息的能力，以及使用各种媒介信息服务于个人的工作和生活所需的知识、技巧和能力。②国际上普遍将科学素养概括为三个组成部分，即对于科学知识、科学的研究过程和方法、科学技术对社会和个人所产生的影响均达到基本的了解程度。媒介素养解决的是受众对媒介传播规律与信息的批判认知能力问题，而科学素养解决的是受众对科学知识的批判认知能力问题。在风险传播中，风险报道综合了政府、企业、媒介、科学团体等的联合意志，风险知识包含了科学理性和社会理性，对受众来说，要想真正具备批判地解读风险传播中的信息流动，则需要同时具备媒介素养和科学素养。现代社会信息洪流复杂多元，科学研究要求专业技能，哪怕是从最宽松的要求来看，数量最庞大的、普通的受众都是非常难以达到的。在《科学素养的迷思》一书中，薛默士批判道："'提高公众的科学素养'这一说法，不过是一种烂漫的想法，一种与现实不太相干的梦想。"

① ［英］大卫·丹尼：《风险与社会》，马缨、王嵩等译，北京出版社 2009 年版，第 83 页。

② 张开：《媒介素养概论》，中国传媒大学出版社 2006 年版，第 36 页。

因此，从风险传播的客体、风险知识的认知主体——受众的角度来看，无论是其受教育水平、专业知识背景的差异，还是由此导致的媒介素养、科学素养的不足，都是产生风险传播中风险知识与受众之间区隔的主体性因素。正是因为知识区隔的存在，导致风险传播中的受众呈现层级分布的状态。

三　知识区隔中的受众分层

如前所述，现代社会的风险是媒介化的风险，风险知识既具有科学性也具有社会性；风险传播具有一定的媒介偏向性，经过媒介传播的风险知识是媒介选择、科技支撑、管理约束和政治引导的综合体。而风险传播中的受众，是风险社会中一个个独立的受众个体的集合，他们在年龄、社会阶层、受教育程度、专业背景、职业等方面都有极大的差异性，这些差异性也导致了他们在媒介素养和科学素养上的层级差异。风险知识的复杂、多元性和受众主体的差异性共同导致了风险传播中受众之间的层级分布。在风险传播中，伴随受众与风险及风险传播之间的知识区隔距离的变化，受众对风险信息的需求会产生相应的变化：受众与风险传播之间的知识区隔越小，受众的风险认知能力就越高，对风险的知识信息需求也越高；反之，他们之间的知识区隔越大，受众的风险认知能力就越低，对风险的知识信息需求表现平淡。

（一）“精通型”受众层

“精通型”受众层，抑或可称为“专家型”受众层，是指非常熟悉风险知识的背景和逻辑，对风险议题所包含的专业知识、风险机制以及社会建构等都有着清晰认知的受众群体。这一层级的受众，大多接受过较高水平的专业教育，有着较高的文化知识背景和较高的媒介素养，甚至具备较高的科学素养，对待风险的态度也更为科学和理性。

“精通型”受众，是风险传播中积极的受众群体，这一层级的受众不仅包括某一特定风险领域的科研专家，还包括对这一议题强烈关注的政府管理者、媒体工作者、某一领域意见领袖、科学家或知识分子，以及普通受众中的有科学兴趣的受众群体；从群体构成来看，“精通型”受众，有时在风险传播中可能还往往同时具有信息传播者、舆论引导者、风险舆论领袖的社会身份；换句话说，“精通型”受众可能在风险传播中既是信息的积极传播者、引导者，也同时是信息的积极受众。例如厦门PX项目中的科学家赵玉芬、“百度词条保卫战”中清华大学化工系的师生、转基因作物论争引领者崔永元等，都属于“精通型”受众。但是，由于风险议题分布的多元化，专业领域内的“精通型”受众往往只是对某一特定领域的风险知识更为熟悉和了解。

风险传播中的“精通型”受众，对风险信息有着敏锐的嗅觉和洞察力，能够快速掌握媒介传播的风险信息的重点，也能用科学的方式和态度对待风险，所以，他们在风险信息的需求上更为旺盛，也更希望接收到科学、专业的风险知识以增进对风险的认知。不仅如此，由于专业和身份的特殊性，这个群体既是积极的受众群体，也是积极的传者群体——为风险传播提供专业知识支援、解析政策、分析可行性与危害性等，并参与风险知识的社会建构。

需要指出的是，风险传播中的“精通型”受众，是受众群体中的极少数群体，一方面，他们自身所具有的科学素养和媒介素养使他们本身就掌握着深厚的科学知识系统，并具备主动探寻风险科学知识的能力；但另一方面，“精通型”受众对风险所持有的立场和态度将决定他们在风险传播效果或影响的正负性；当“精通型”受众出现在风险传播科学争议的场域中时，将带给媒介风险传播强劲的作用力，引发有关风险的社会争论，甚至成为风险事件的舆论引导或推动力量。

（二）“熟悉型”受众层

“熟悉型”受众层，是指比较关注风险信息，对风险知识有着中等水平的了解和认知的受众群体。“熟悉型”受众既有一定的文化知识水平，又有一定的媒介素养。他们虽然没有关于风险的各类专业知识背景，但是，面对形形色色的风险知识和信息，他们能够拥有一些基本的媒介经验和信息认知经验，也对风险有一些基本的判断和认知，甚至会有目标地选择一些信息来提升自己的风险认知。

“熟悉型”受众，是风险传播中较为稳定的受众群体，他们在数量上多于“精通型”受众，但远远少于广大的受众群体。“熟悉性”受众，是各种新闻信息的爱好者，风险信息是他们较为关注的信息类型的一种，所以他们基本接受媒介对风险知识的构架和安排；他们对风险知识的学习和感知处于中等水平，所以缺乏科学的、专业性的认知。但是，这种中等水平的区隔是由于风险的专业性所导致的：当风险来临或有威胁产生时，他们就有向“精通型”受众发展的潜质；但同时，也可能因为风险议题的专业性过强而被区隔在“风险知识”之外。

（三）“一般型”受众层

“一般型”受众层，是除“精通型”受众、“熟悉型”受众群体外的所有受众群体的总和。“一般型”受众，包括了教育程度低、与风险科学知识完全不在同一领域或对风险的专业性完全没有认知的受众群体，这一层级包含了风险传播中绝大多数的受众人群；同时，“一般型”受众层，还包括了有着良好的教育背景，但是对风险信息完全不感兴趣的受众群体。

“一般型”受众群体中，那些有着较高教育水平的、但对风险毫无兴趣的受众，由于与风险相关性很低，在风险传播中影响甚微；但“一般型”受众层的绝大部分受众，他们人数众多且可能不具备基本的媒介素养和科学素养，对风险议题的认知缺乏基础性了解和认识，所以也缺乏对待风险的理性态度，在风险传播和沟通中障碍重重，他们大部分随波逐流于复杂的风险信息中而没有自身的判断。因此，当风险接近或风险信息密集时，他们的风险恐惧和不安是盲目的、随从的、刻板的，信息和谣言会对他们产生同样的影响后果，甚至产生非理性的行为。所以，在几乎所有的风险争议和风险群体性事件中，“一般型”受众都是最主体的参与者，这也是因为他们对风险知识知之甚少而简单判断的结果所导致的。

风险传播中风险知识的科学性和社会建构性共同导致了风险与受众之间的知识区隔，受众因个体受教育水平、专业知识背景的不同及媒介素养、科学素养的差异性，使得受众在风险传播的场域里表现出层级分布。对风险传播来说，“一般型”受众群体是风险传播与风险管理中的重点和难点，“熟悉型”受众是风险传播可较为顺畅交流的群体，而“精通型”受众则对风险传播的科学性提出更高的要求。因此，针对不同层级的受众群体，我们需要认真研究并提出适切的、差异化的风险传播和沟通策略，同时满足其风险知识性信息和风险与社会发展的关系性信息，提升风险传播和沟通的基本效果。

四 受众信息期待与知识满足

在专业门槛高、知识具有不确定性的风险传播领域，政府、专家、企业及媒介之间的利益共生关系及他们对风险共同的社会化建构，导致了专家对风险信息生产和流通的科学知识垄断。在风险传播中，受众因为个体性的不同，在这种知识垄断的传播中对风险的认知水平呈现层级分布的状态。其中，作为绝大多数的“一般型”受众群体，媒体呈现“强调戏剧性、竞争、冲突和异常”的风险报道，常常“导致他们对风险的扭曲认识”①。

如何消解知识区隔在风险与受众之间的阻碍，进而提高风险传播的效率？我们无法像满足不同空间距离层的受众那样，对知识区隔不同层级的受众展开层次性的风险报道，而要根据不同层次受众的信息期待，相应调整风险报道的内容、形式和框架，争取同时满足不同层级受众的知识需求。在风险传播知识区隔的维度里，“一般型”受众是我们目标受众群体的重点，要解决知识区隔的问题，需更多关注“一般型”受众认知能力，兼顾“熟悉型”受众的信息期待，最大限度地满足他们的基本风险知识需求；最后可为“精通型”受众提供专业知识与政策、经济、社会等共同杂糅的知识体系，满足他们更高的信息需求。

（一）立足风险科学，但力求科技信源多元化

风险作为科学技术发展的伴生品，其自身也包含科学知识和原理，所以，风险传播必须立足有关风险的科学立场，这是不能动摇的。但同时，风险传播的议题，如核能的、化工的、生物技术的等，它们中包含的科学知识，即使在科学研究领域仍有存在争议，仍有其“不确定性”，客观的风险报道应将这种科学上的争议和不确定性如实地传播给受众。

① 郭小平：《风险传播研究的范式转换》，《中国传媒报告》2006 年第 3 期。

但在现实风险传播中，媒介报道时往往只选择与自己立场一致的科学专家及其知识支援，“只报其一不报其二”。戴佳等人的研究就发现，新闻媒介在报道风险议题的时候，总是引用与媒体态度一致的专家及其风险态度；媒体风险报道中依赖单一的专家信源，导致了风险传播中的知识垄断。[①]“只报其一不报其二”的知识垄断，一方面引致新闻报道失去应有的客观性，另一方面还引致了受众的质疑，降低甚至失去了传播的效果。

因此，在风险报道中应立足科学，如实反映风险中所包含的科学知识和原理；同时，应力求有关风险的科技知识来源于不同支持方及其专家，如实呈现有关风险的科学争议，为受众提供多元的信息和解读，切实实现风险新闻的科学性和报道的客观性。

（二）转换科学语言，增进受众理解

如前所述，为了提高风险中所蕴含的科学知识的专业性，媒体和记者往往会与科技专家“结盟”生产带有专业知识的风险新闻报道。媒介利用专业知识使得风险报道看起来更“科学”，但这并不能让受众对那些“不确定的”“风险率极低的”和“科学上的安全性”等所谓科学性产生信任，因为，“公众对知识和专业的感知是影响其对政府信任的主要因素”[②]，面对风险科学的壁垒，面对以政府意志和社会效益为主导的风险知识的构成，受众对报道中有关风险的信息语言和内容都很难理解和认知，又何谈去信任它呢?

不同的知识层级的受众，对风险知识的理解和接受能力是不同的，如何根据媒介自身的定位打造适合目标受众的风险新闻报道呢? 芭芭拉·亚当认为，有关风险认知的建构“有必要跨越各种知识边界，并将注意力集中于知识——实践的‘无边界’本性”，“呼吁使‘风险的语

---

① 戴佳、曾繁旭等：《风险沟通中的专家依赖：以转基因技术报道为例》，《新闻与传播研究》2015 年第 5 期。

② 戴佳、曾繁旭等：《核恐慌阴影下的风险传播——基于信任建设视角的分析》，《新闻记者》2015 年第 4 期。

言’从原来的计算（或二元逻辑）物质转变为一种媒介化的特质”①。换句话说，这就是要求我们在进行风险媒介建构的时候，需要适度跨越风险的纯科学界限，或曰适度降低风险知识构成的“科学性”。当然，说降低“科学性”并不是说忽略甚至淡化风险知识的科学内涵，而是在坚持风险科学性的基础上，转换新闻报道的表达方式，将科学语言转换为媒介的语言，转化为风险项目建设的科学可靠性与社会考量、经济考虑相结合的综合语言，转化为普通受众可接受的语言，用通俗易懂的大众话语为受众讲解风险的科学原理、政策背景、发展未来，增进他们对风险相关知识及社会进步发展的综合理解和感知。

（三）提倡民主范式，提升交流互信

英国国会科技办公室（Parliamentary Office of Science and Technology，POST）关于公众风险认知的研究表明：人们更愿接受他们自己加给自己的风险，或者他们认为的“自然”的风险，而不愿接受别人加到他们头上的风险；人们也更愿意接受他们熟悉的风险。②这表明，对于绝大多数的“一般型”受众而言，被区隔在科学知识之外的他们，是很难认知和接受风险的，进而产生对有关风险决策的质疑、对政府的不信任，这也常常是导致风险传播失效的重要因素之一。

如何解决这个问题呢？提倡风险传播中的“民主范式”可能是有效的方式之一。所谓“民主范式”，即“与民众互动，让民众参与决策”③。“从科技建构论的角度来说，人们对科技的接受程度与判断基本上是一种互动、学习的过程，透过适当的学习安排，将产生人们对科技新的认知与理解，进而发展人们在社会中与科技的关系”④。也就是说，互动可以帮助受众学习有关风险的科学知识，可以改善受众与风险之间的社会关

---

① ［英］芭芭拉·亚当、［德］乌尔里希·贝克等编著：《风险社会及其超越》，赵延东、马缨等译，北京出版社 2005 年版，第 2 页。

② ［英］斯图尔特·艾伦：《媒介、风险与科学》，陈开和译，北京大学出版社 2014 年版，第 107 页。

③ 郭小平：《风险传播研究的范式转换》，《中国传媒报告》2006 年第 3 期。

④ 周桂田：《争议性科技之风险沟通——以基因改造工程为思考点》，《生物科技与法律研究通讯》2005 年第 18 期。

系。从这个意义上来看，受众参与互动的“民主范式”，可以有效帮助受众消减风险传播中的知识壁垒，提高风险传播的意义和效果。

不仅如此，受众参与的“民主范式”还可补充已有的风险知识，提升受众对科学的信任。一方面，“在高新技术的科学传播中，多元化的公众参与会给科学领域和科学专家们带来非专业人士的补充性知识。”①受众与政府、企业和专家的立场不同，会带来不同视角的见解和看法，让政府有机会充分了解受众的忧虑，这对风险决策来说，将是非常有益的补充。风险传播中的受众参与，“是一个信息的互动交换，在此所有的参与者均沟通、诉求、参与价值信仰和情感。通过这个过程，公共政策决定被社会构建出来。”另一方面，风险传播中不同受众群体的参与和讨论，还能促进形成风险知识的“公开市场”，并进而“促进公众对于科学成果的接受和信任，由此实现科学知识的‘社会巩固’。”②受众在风险传播中充分了解科学、信任科学，才有可能进而信任政府决策，接受风险项目。

五　本章小结

本章主要从知识区隔的维度对风险传播中的受众分层展开讨论。在有关风险的媒介报道中，专家的观点和科学的原理究竟是提升了报道的科学性还是增加了受众理解的难度？（之所以这样提问题，是要说明：专家的观点和科学的原理并未真正提升报道的科学性，而是增加了受众理解的难度）我们通过研究认为：风险内涵的科学性和媒体的风险再现，合谋了风险报道的“科学形态”；而正是这种“科学形态”，主要导致了风险传播对受众风险认知的“知识区隔”。也正如戴佳的研究所指出的，“专门知识的垄断及决策过程的封闭性仍然是构建正确的公众认知的

① Kleinman，D. L.，Delborne，J. A. &Anderson，A. A.，*Engaging Citizens*：*The High Cost of Citizen Participation in High Technology*，Public Understanding of Science，2010，pp. 70 – 79.

② Nowotny. H.，Scott. P.，& Gibbons，M.，*Re-thinking Science*：*Mode2 in Societal Context*、*Knowledge Creation*、*Diffusion and Use in Innovation Networks and Knowledge Clusters*，Greenwood Publishing Group，Westport，2005，pp. 39 – 51，转引自戴佳、曾繁旭等《核恐慌阴影下的风险传播——基于信任建设视角的分析》，《新闻记者》2015 年第 4 期。

障碍”[①]。

伴随风险传播中受众与风险知识之间距离的变化，受众主要划分为“精通型”受众层、“熟悉型”受众层和“一般型”受众层，不同层级的受众构成不同、特点不同，对风险信息的需求也呈现出差异性。“精通型”受众和“一般型”受众在风险传播中有着较为明显的关注需求。“精通型”受众所包含的科研专家、政府管理者、意见领袖等人群，使这一层级的受众在风险传播中可能既是积极的受众群体，也是风险信息的积极传播者、风险舆论的引导者。“一般型”受众中的绝大多数人，对风险议题的认知缺乏基础性了解和认识，缺乏对待风险的理性态度，在风险传播和沟通中障碍重重，是风险冲突和风险事件中的主体人群，所以是风险传播的重要目标群体。

在深入分析知识区隔维度下受众分层及其信息需求的基础上，我们认为，受风险议题特殊性和受众知识区隔层级分布的影响，风险传播首先要立足风险的科学，但是应通过科技信息的多元化来帮助受众理解风险；其次应将科学语言转换为受众可接受的通俗语言，并且通过受众参与的“民主范式”将受众纳入风险信息互动和决策的流程中来，才能真正让受众在自觉自愿的基础上了解有关风险的科学知识，提高风险的接受度，进而信任科学、信任政府决策，降低风险质疑和恐慌，最终达到提高风险传播的效率、促进社会发展的目标。

---

① 戴佳、曾繁旭等：《风险沟通中的专家依赖：以转基因技术报道为例》，《新闻与传播研究》2015 年第 5 期。

第五章

心理距离维度的受众分层

很多民众出于对风险的极端恐惧一拥而上，往往怀揣迥然不同的目标，采取了激烈的行动，旋即四处散去。①

——曾繁旭

伴随着现代文明的发展，我们已然身处“风险社会”，且这种状况随着科学技术的发展还有愈演愈烈的趋势。这些来自现代文明发展过程中的风险，是“那些不直接但却能彻底地剥离掉人的感受能力的放射性活动，或包括诸如空气、水、食物中的污染及有毒物质，以及因此在短期或长期上来看，会带进植物、动物和人类世界的各种后果”，“它们有系统地将有条件的、而且常常是不可逆的破坏力释放出来，其核心是不可见的、以因果诠释为基础而存在的”②。因此，现代化风险中包含着的高科技成分、安全的不确定性和危害后果的严重性、长期性等，以一种无法感知的形态分布于现实社会，这沉重而严峻地考验着人们的心理承受能力。

在这个信息无处不在的大众传播时代，一方面，受众享受着传播技术进步带来的信息接触的便利性，另一方面，他们也迷失在铺天盖地的信息海洋中，风险信息经由各种媒介与受众产生互知互动。然而，受众并没有因为了解了风险的各种知识和信息而安心；相反，媒体传播风险

① 曾繁旭、戴佳：《风险传播：通往社会信任之路》，清华大学出版社2015年版，第9页。

② ［德］乌尔利希·贝克：《风险社会——通往另一个现代的路上》，汪浩译，台北巨流图书公司2004年版，第8页。

信息的可能性后果之一，就是给受众制造或灌输了恐惧和焦虑。在媒体上不断出现的、频频发生的风险事件及其它们带来的各种灾难性后果——环境和生态的不断破坏和恶化、诸如癌症般无法攻克的医学难题、食品安全性未知难控等——一次次地形塑，甚至强化着人们对风险持有的各种不同程度恐惧、排斥的刻板印象。

生活在媒介化的风险社会里，人们对风险的认知水平、对风险信息的关注程度等，反映了人们与风险传播之间亲近或疏远的、不同层次的心理距离。本章将从心理距离的维度对风险传播中的受众分层展开讨论。

一　风险传播语境中的心理距离

心理是客观现实的反映，是人内在符号活动梳理的过程和结果。人的心理活动都有发生、发展和消失的过程。在心理学家们看来，“人们在活动的时候，需要通过感官感知外部世界，通过头脑的活动思考事物的因果关系，并伴随喜怒哀乐等不同的情感体验，这折射着一系列心理现象的过程就是心理过程，这一过程包含认知过程、情感过程和意志过程等”①。

在媒介化的风险社会里，有关风险议题的各种事件和报道高密度、多频次地暴露于媒介传播的广阔空间中，身处其中的受众不可避免地通过自己的感官系统接受着这些信息的刺激，感知着风险的样态，并将这一过程纳入心理加工过程，形成对风险的认知和了解，并进而产生情绪、态度和行为等各种表征，这一过程就是受众个体有关风险传播的心理表征过程。个体千差万别，就会导致受众在个体加工过程和结果上的差异性。

（一）心理距离的维度

英国美学家布洛最早提出了“心理距离”的概念。他认为，“人在观察自然现象时，不应该使它与自己的功利关系有联系，否则人会失去生活的情趣，陷入烦躁、紧张的状态中；他主张自然环境与人的功利需要

① 梁宁建：《心理学导论》，华东师范大学出版社 2013 年版，第 3 页。

拉开一定的距离，这种距离不是物理空间的距离，而是心理距离。”[①]这是他关于心理距离的最早描述。认知心理学认为，“心理距离是人对某事物接近或远离参照点（自己，此刻，此地）时产生的一种主观经验。”[②]具体而言，主体对于事件（客体）的心理距离，即在一个抽象的心理空间中所感知到某事件的远近，是人对某事物接近或远离参照点时产生的一种主观经验，而主体对事件的反应、评价等伴随着心理距离的变化而产生相应的变化。[③]本研究对“心理距离”这一概念的使用主要基于心理学中的解释水平理论和社会学中社会距离理论的综合。

解释水平理论主要研究人们的心理距离和解释水平之间的关系。解释水平理论提出，“人们对某一事物的反应取决于对事物的心理表征，这种心理表征具有不同的抽象程度即解释水平，而解释水平取决于人们所感知的与认知客体的心理距离。”[④]心理距离较近的事物，人们对它的解释更具体、生动和情境化，即低水平的解释；心理距离较远的事物，人们对它的解释更抽象、概括和一般化，即高水平的解释。所以，在解释水平理论看来，人们解释世界的方式是有层次性的，并形成一个连续体[⑤]，而这种层次性是由心理距离的远近亲疏不同所导致的。

社会学中对社会距离的讨论包含了心理距离。美国芝加哥学派创始人之一帕克认为，“距离是一种可以测量表现个人和一般社会关系的理解和亲密的程度和等级”，“亲近程度衡量了一方对另一方的影响”[⑥]。在这里，帕克所讨论的社会距离包含了空间距离和心理距离，他对社会距离的描述与我们将要讨论的心理距离在内涵上是一致的。德国著名社会学家齐美尔则首次从主观性方面定义了社会距离，这种主观化的社会距离

---

① 奇芳：《心理距离和情绪调节策略对风险决策的影响》，硕士学位论文，南京大学，2013年，第10页。

② Trope, Y. & Liberman, N., *Construal Level Theory and Consumer Behavior*, Psychological Review, 2010, pp. 440 – 463.

③ 佘升翔：《环境风险沟通的心理距离模型》，《系统工程》2012年第9期。

④ 祝帼豪、张积家等：《解释水平理论视角下的心理距离》，《社会心理科学》2012年第7期。

⑤ 李雁晨、周庭锐等：《解释水平理论：从时间距离到心理距离》，《心理科学进展》2009年第4期。

⑥ 卢国显：《中西方社会距离的研究综述》，《学海》2005年第5期。

更接近我们这里所说的心理距离。他认为，“距离”是人与人以及人与物之间的一种关系，“距离”的实质在于它创造了一种主客关系，“距离”是自我与周遭环境的一种关系。在齐美尔看来，距离的内在本质是“自我”与“他物”的一种关系，而人与种种事物的内在关联的多样性则被理解为二者之间远近亲疏的距离的多样化。[①]如前所述，齐美尔还将距离分为三个层次：近距离、中等距离和远距离。

社会距离中所包含的心理距离的概念，让我们更为清晰地了解了心理距离所表达的内涵，尤其是齐美尔对心理距离的主观性阐释和对距离层次的划分，为我们从心理距离的维度讨论受众分层提供了最为直接的理论和方法指导。而解释水平理论则提示我们从心理距离的维度来观察距离远近变化与其所导致的主体对客体的解释水平变化之间的关系，这就更进一步为我们讨论心理距离不同的受众群体对风险传播的不同心理表征和特点这一方向指明了研究路径、提供了科学指引。

（二）风险传播与受众的心理距离

风险是科技发展带来的一种客观存在，但在现实社会中，我们对风险的定义、各种认知和态度却是主观的，且会受各种社会环境因素的影响和制约。正如斯洛维克所指出的，“风险是由个体主观界定的，而个体心理状况、所处社会或组织等因素都会对个体产生影响”[②]。这主要是因为，在现实中，个体对风险的认知很少是通过直接经验获得的，我们对风险的了解绝大多数来自各种各样的信息传播与交流，“对风险信息的主观感受和整合”形成风险认知，而“大范围的风险沟通依赖于情景的因素，其中，媒介的作用是最为重要的”[③]。意即，风险传播对受众的风险认知建构有着最重要的意义。

但是，受各种外在环境和内在自我的影响，受众对风险信息的关注程度是不同的：有的受众会非常关注各类或某类风险事件、风险新闻，

---

① 王启富、史斌：《社会距离理论之概念及其它》，《晋阳学刊》2010 年第 1 期。

② Paul Slovic, *Perception of Risk*, Science, New Series, Vol. 236, 1987, pp. 280 – 285.

③ 谢晓非、李洁等：《怎样会让我们感觉更危险——风险沟通渠道分析》，《心理学报》2008 年第 40 期。

甚至会积极主动地通过各种媒介搜寻风险信息；而同时，有的受众则会对各类风险信息充耳不闻。受众对风险议题及风险传播表现出的这种介于关注和忽略之间的态度差异，反映了受众与风险传播之间的心理距离，是受众对风险及风险信息的心理表征，且这种心理距离会直接影响受众的风险认知，进而影响风险情绪、风险态度和风险行为等。当受众非常关注某一风险时，他们就会较多地掌握和了解有关风险的各类知识和信息，对风险的认知就会更清晰、丰富和详细，处于低解释水平，反映了受众与风险传播之间亲近的心理距离；当受众对某一风险不甚关注甚至忽略时，他们对风险的认知就非常模糊、表面和浅显，处于高解释水平，反映了受众与风险传播之间疏远的心理距离。

结合风险传播中受众对风险不同认知程度的现实，并主要应用解释水平理论和齐美尔对主观性社会距离的认定，我们认为：受众与风险传播的心理距离，指受众主体对风险传播（信息）客体的、有关亲疏的感知或意识，亲疏程度衡量了受众对风险传播（信息）的心理关注程度，存在于关注与忽略之间，以关注的程度为距离远近的衡量指标。受众的这种风险感知或意识是主观的、有层次性的，是一种心理联系；受众对风险传播（信息）的心理距离主要通过受众对风险的心理表征水平反映出来；受众对风险传播的心理距离分为近距离、中距离和远距离三个层次。

二　受众与风险传播的心理距离关系

（一）影响受众与风险传播心理距离的因子

身处媒介化社会，人们无可避免地接收和传播各种各样的风险信息。但是，如前所述，并非所有人都同等地关注所有的风险议题，受众与风险、风险传播之间存在着不同层次的心理距离。谢晓非在早期的研究认为，影响受众风险认知的因素中，个体差异、（对于风险的）期望水平、通信的影响（信息传播）、自愿承担风险的程度和风险的性质等是较为重要、也获得较多关注的因素。[1] 通过对这些因素的分析我们认为，个体不

[1] 谢晓非：《风险研究中的若干心理学问题》，《心理科学》1994 年第 2 期。

同则期望水平不同，自愿承担风险的程度也不同，所以这二者均可归于个体差异的范畴；通信的影响，即我们所指的风险传播，这里包括了风险传播的内容、构建方式、传播渠道和范围等；以及风险的性质。所以，结合本书的研究主题，我们认为，在风险传播中，影响受众对传播的心理距离的因素主要来自三个方面，即风险的性质及与受众的相关性、风险传播的社会语境、受众的个体性特征。

第一，风险的性质及与受众的相关性是受众是否关注风险传播的本质性因素。保罗·斯洛维克是最早对风险感知展开心理测量的学者，他绘制了风险特征内在的15种相联系的因子①，其中最重要的因子是风险“是否恐惧”，这反映了恐惧性是风险在人们心理上最重要的表征。后来又有许多学者对这些因子进行了发展和补充。总结而言，风险的性质包含了风险是什么、风险发生的概率、危害程度、后果影响范围、影响时间的延续性等；同时，风险性质也将影响其与受众的利益相关性，即是否会伤害到受众、伤害的程度、范围延续性如何等。

为什么说风险的性质及其与受众的相关性是风险传播的本质性因素呢？这是因为，风险既是风险传播的内容对象，也是我们所有研究赖以展开的基础所在：有了风险的产生、存在和发展，才有了风险传播的物质基础，也才进而有了探讨风险传播对受众的影响和价值所在：风险传播中最重要的两端——传者和受众——都是以风险的存在为基础的，而风险与受众的相关性也是风险是否进入传播场域、是否引发受众关注和反应的关键因素。

当受众的切身利益受到（风险）威胁、威胁的程度不断加大（利益相关性上升）的时候，他们的恐惧情绪就会上升，“个体知觉到风险的严重性以及由此引发的焦虑性，显著地影响了人们对风险大小的判

① 源于15种风险特征内在联系因子包括了风险：是否可见、是否知道暴露、效果是否立刻的、新的还是旧的风险、是否了解科学的风险、是否可控的、是否恐惧的、是否全球灾难的、结果是否致命的、是否公正、是否灾难的、对后代风险的高低、是否易于生产、风险是增长还是减低的、是否自愿的。资料来源：［英］谢尔顿·克里姆斯基、多米尼克·戈尔丁：《风险的社会理论学说》，徐元玲、孟毓焕、徐玲等译，北京出版社2005年版，第135页，根据绘图整理。

断”[1]，而且在风险情境中，“人们会赋予负性信息更大的权重，对负性信息的反应会强于对正性信息的反应，对负性信息会给予更高的信赖程度和重视”[2]。这种对风险的焦虑不仅会提高受众对风险的关注程度，亦会引发受众强烈关注有关风险的各种知识和各类信息通道，所以，关注风险传播尤其关注负面信息就成为他们焦虑心理的反应和表征。由此，对与生命、身体健康紧密相关、危害程度大、后果严重的风险议题，受众受风险特征的影响会表现出强烈的风险信息需求，从而与风险传播保持近距离的互动和交流。反之，对于直接影响较小、危害不明显或目前危害不确定的风险议题，受众的关注度会有所下降甚至选择忽略。例如，雾霾天气刚刚出现在人们生活中的时候，由于其对人身健康有直接的影响，引起了大家的强烈关注，一时间关于雾霾的相关科学知识、雾霾产生的原因、如何自我预防、所在城市的雾霾指数等各类新闻报道、知识链接的社会关注度非常高；而随着时间的推移，人们对雾霾天气有所了解，且发现雾霾的危害并没有立即发生或危害程度不明确时，受众对雾霾天气这一风险议题的社会关注度明显的下降，甚至不关注了。

第二，风险传播的社会语境是受众是否关注风险传播的外部影响因素。风险传播的社会语境主要指的是以风险争议、风险事件、风险项目等议题为传播对象，多种传播渠道（媒介）、多种传播范围等共同在场交织而形成的风险信息的流通场域。在科学技术日新月异和媒介技术网络极度发达的共同作用下，这一社会情境更是表现出时空无缝对接、议题涉猎广泛、利益多方纠缠和风险无处不在的、多元复杂的社会特征来。表面上看，媒介传播活动是外在于风险本体的，但是生活在这个无孔不入的媒介化风险社会中，风险传播对受众的风险认知却发挥了极其重要的建构和影响作用。谢晓非的研究就发现，通信——包括信息的传播渠道、传播时间、传播方式及传播范围等，都会影响个体的风险认知；她

---

① 谢晓非、李洁等：《怎样会让我们感觉更危险——风险沟通渠道分析》，《心理学报》2008 年第 40 期。

② 谢晓非、胡天翊等：《期望差异：危机中的风险沟通障碍》，《心理科学进展》2013 年第 21 期。

还通过实验证明，有关风险信息的大众传播渠道（而非专门渠道、人际渠道）[①] 对受众来说是重要性和可信度最高的渠道。[②] 为什么风险传播会对受众产生如此重要的影响呢？它又是怎样对受众产生风险认知的影响呢？

生活在风险社会和媒介化社会交织社会语境中，科技化的风险往往存在于专业知识的高端领域，我们每个人很少有机会能亲身经历、切实感知它们的存在；也因为风险的未知性和隐秘性，即使风险暴露于我们面前，我们也很难体感或辨认，而仍需通过大众传播媒介来了解风险知识、展开风险沟通。因此，风险传播的社会语境是受众是否关注风险信息重要的外部环境因素，即风险的媒介暴露频次和规模可能决定性地影响了受众是否会注意到风险的相关议题。这主要表现在以下三个方面：首先，风险传播通过议题选择告诉了我们哪些风险是值得关注的、哪些风险是无关紧要的，其标准是新闻价值而非风险价值、政府意图而非受众意愿；其次，风险传播通过媒介的社会建构让我们认识了风险是什么、风险的特点、风险的安全性和危害性等，媒介建构的风险语言、信息构成可能更多地以媒介意识形态为主导，与政府、专家对风险的解读之间存在相当的偏差（政府意志主导的风险项目宣传除外）；最后，由于媒介的选择，风险信息的类型、媒介暴露的频次等也都会影响受众对风险的认知状况，媒介替代受众评估了风险的价值和意义。换句话说，对受众而言，我们头脑里可认知的风险及其相关风险知识等，都是经由媒介建构并传达的；风险传播不仅构建了受众的风险认知及其框架，也通过媒介的语言、框架和方式影响着受众对风险的心理感受和表征。

第三，受众的个体性特征是他们是否关注风险传播的主体性因素。受众的个体性特征，不仅包括性别、年龄、教育程度和文化背景、职业等方面的差异性，还包括了受众对风险（价值）评估和接受的自愿性等的千差万别，这些个体差异都会客观地影响受众对风险议题关注的范围

① 在研究中，作者所指的专门渠道主要指政府、专家和企业单位的组织信息渠道，人际渠道则主要包括家人、朋友、同事、同学等的私人信息渠道。资料来源：谢晓非、王惠等《SARS 危机中以受众为中心的风险沟通分析》，《应用心理学》2005 年第 2 期。

② 谢晓非、王惠等：《SARS 危机中以受众为中心的风险沟通分析》，《应用心理学》2005 年第 2 期。

和程度、受众的理性程度以及受众理解和处理风险信息的能力。[①]

现代化的风险分布于环境、生态、食品安全、化工项目等各种不同的领域，受众会因个体年龄、知识背景、价值观差异性而对他们感兴趣的风险议题表现出强烈的关注，而对他们不感兴趣的风险议题关注度会有所下降，甚至会忽略不计。从这个意义上讲，受众个体性特征的差异从主观上影响了受众对风险议题的选择、对风险的关注程度、与风险传播的心理距离和风险认知水平等：当受众个体对风险议题感兴趣、个体接受自愿性较高、或自认为与风险相关性高时，他们会主动拉近与风险传播的心理距离、提高风险关注度；反之，如果个体对风险议题没有兴趣时、个体接受自愿性较低、或个体认为与风险相关性低时，他们则会降低风险关注度，甚至对风险传播保持无所谓的心理态度。

需要补充的是，在某些情景下，会有受众亲身经历风险事件的现实情境，如 1886 年苏联的切尔诺贝利核爆炸事件、2002 年席卷中国的 SARS 事件、2019 年以来在全球蔓延的新冠疫情等，直面风险的经历可能会对受众的风险认知造成影响。Wiegman 和 Gutteling 的研究证明，“只有没有直接个人经验的个体才会受到媒体信息的诱导，而有直接个人经验的个体则较少接受新的信息而改变自己已有的态度”[②]。谢晓非等经过实验也认为，“个体的亲身体验会影响个体的心理距离”。[③]这是因为亲身经历比风险传播更生动地让受众体感风险，这种经历更直接、更真实，也更容易形成深刻的心理认知。亲历风险可能会拉近受众与风险传播的心理距离，因为亲历所带来的切身体验（常常是恐惧）会提升他们对风险事件进展的在意，提升他们对风险信息更进一步的渴望和需求，这是受众与风险传播之间距离缩小的心理表征。

综上所述，风险的性质及与受众的相关性、风险传播的社会语境以及受众的个体性特征是影响受众与风险传播之间心理距离、影响受众风

---

① 谢晓非、郑蕊：《风险沟通与公众理性》，《心理科学进展》2003 年第 4 期。

② Wiegman O.，Gutteling J. M.，Boer H.，*Verification of Information: through Direct Experiences With an Industrial*, Hazard. Basic & Applied Social Psychology, 1991, pp. 325 – 339，转引自谢晓非、郑蕊等《SARS 中的心理恐慌现象分析》，《北京大学学报》（自然科学版）2005 年第 7 期。

③ 谢晓非、郑蕊等：《SARS 中的心理恐慌现象分析》，《北京大学学报》（自然科学版）2005 年第 7 期。

险认知的重要因素。但是又不仅仅如此，受众与风险传播心理距离的产生和发展，还会因风险事件的突然爆发、风险危害的凸显、经济利益与社会利益的矛盾斗争等社会因素的影响而更趋复杂和多变。所以，在考察受众与风险传播之间的心理距离的动因机制时，还需要针对具体的风险议题和相应的各种社会关系和环境而进行综合的分析。

（二）受众与风险传播的心理距离表征

应如何看待受众对风险传播所持有的负性刻板印象？如何解释频频见诸媒介的风险冲突甚至引发风险的暴力事件？社会心理学和认知心理学从各自的角度给我们带来了观察、解释受众对风险所持有的各种态度和行为的理论启发。社会心理学的研究表明，人们对风险或威胁的心理表征由认知和情绪两方面构成；而压力交互作用理论认为个体对发生事件的认知评价会影响事件对个体的影响，如是否会产生心理压力以及压力的强度。[①]而有关风险的认知心理学研究发现：风险认知是个体对存在于外界环境中的各种客观风险的主观感受、经验和认识。[②]对于风险事件的知觉能够极大程度地影响人们的情绪状态（风险对受众形成的心理压力），从而进一步影响个体的态度与行为。[③]

而我们恰恰生活在风险社会和媒介化社会交织的时代，媒介传播构建的风险社会情境引发了广大受众关于风险的心理反应，通过心理加工表现为风险认知，进而投射到他们外在的情绪、态度和行为表征上。中国心理学家谢晓非通过对 SARS 中民众恐慌现象的研究指出，在风险环境中，风险事件本身的特征对民众的风险认知具有决定性的影响，而风险信息的流通方式和渠道（风险传播）也会进一步影响甚至改变风险认知，最终通过民众对风险的综合心理反应表现出来，即认知、情绪、态度和

---

① Lazarus R. S. & Folkman S. , *Stress*, *Appraisal and Coping*, New York: Springer, 1984, 转引自熊继、刘一波《食品安全事件心理表征初探》，《北京大学学报》（自然科学版）2011 年第 1 期。

② 谢晓非、徐联仓：《公众在风险认知中的偏差》，《心理学动态》1996 年第 4 期。

③ 谢晓非、郑蕊：《风险沟通与公众理性》，《心理科学进展》2003 年第 11 期。

行为。①

而前面我们曾论述过，受众关于风险的所有知识和信息，主要来自不同的传播渠道或媒介，受众的风险认知也主要建立在“媒介化”的风险知识体系之上。受众主观上对风险传播不同的关注程度反映出二者之间远近不同的心理距离。在风险传播中，受众对风险传播的心理距离通过认知、情绪、态度和行为等一系列的心理过程反映出来，这些心理表征的维度之间彼此相关，互为影响。

1. 受众的风险认知水平差异

认知心理学认为，认知是关于人的知觉、注意、记忆、语言、思维和问题解决能力等心智的研究，是关于人的心智的各种知识的总和。② 而受众的风险认知是“个体对风险情景或事件的评估”，“是一种相当主观的知觉，它始终是认知主体（受众）对风险信息的主观感受和整合”③。受众的风险认知，既包含了对风险是否有害的基本价值判断，也包含了有关风险的总体知识和信息体系。

需要指出的是，中国大多数有关风险的心理学研究，是将“风险感知”和“风险认知”混用的，仅是对“risk perception”的不同译法。但在心理学领域，感知和认知是不同的。感知是人脑对直接作用于感觉器官的客观事物的个别属性的反应，而认知则是人脑对直接作用于感觉器官的客观事物的整体的反应；感知是感觉，而认知是通过头脑和心理加工后形成的信息总和。本书主要关注的是在风险传播语境下的受众对风险传播及其信息的心理距离，所以，这里的风险认知是“risk cognition”，即受众对有关风险传播的各类信息的整合、解释和赋予意义的心理过程。

首先，受众的风险认知主要来自风险传播。如前所述，虽然受众的个体性差异、风险传播以及风险自身的性质等都会影响受众的风险认知，但信息对受众的影响是主要的，“用不同的方式呈现风险信息都可能改变

---

① 谢晓非、郑蕊等：《SARS 中的心理恐慌现象分析》，《北京大学学报》（自然科学版）2005 年第 7 期。

② 车文博主编：《当代西方心理学新词典》，吉林人民出版社 2001 年版，第 304 页。

③ 谢晓非、李洁等：《怎样会让我们感觉更危险——风险沟通渠道分析》，《心理学报》2008 年第 40 期。

人们对风险的认知水平”[①]。谢晓非进一步的实验发现，有关风险信息的大众传播渠道（而非专门渠道、人际渠道）对受众来说是重要性和可信度最高的渠道。[②] 所以，受众的风险认知主要来自认知主体对风险传播的各类风险信息的主观感受和整合；也就是说，大众传播中的风险信息主要地构建和形成了受众的风险认知。

其次，受众的风险认知是有层次性的。在现实中，“受多种因素的影响，与事实相比较，公众在风险认知中必然存在某些偏差”[③]，这种偏差表现在公众认知与专家认知的差异、公众认知与政府主张的差异、个体对风险评估的差异以及公众内部对风险认知的差异等方面。可见，风险传播中受众的风险认知是有差异性的，而当从认知水平的角度来衡量这种差异性的时候，就表现出风险认知的层次性来：有的受众风险认知程度高，对风险了解丰富详细，有的受众风险认知度低，对风险了解抽象概括——即公众的风险认知水平在现实中存在一定的差异性、层次性。

再次，受众风险认知的层次性反映了受众对于风险传播具有不同的心理距离。解释水平理论认为，人们对认知客体的解释水平是有层次性的，会随着心理距离的变化而变化，并进而决定了人们的决策和行动。[④] 结合解释水平理论可以看到，在风险传播中，受众的风险认知是他们对风险情景及信息心理建构的结果，而不同的受众个体对风险的认知水平是不一样的：受众的风险认知越清晰、丰富、完整，他们的风险认知水平越高，对风险信息知之越多，反映出受众与风险传播的心理距离越近；反之，受众的风险认知越模糊、简单、片面，他们的风险认知水平越低，对风险信息知之越少，反映出受众与风险传播的心理距离越远。因此，受众风险认知的水平差异，显著地反映了受众与风险传播、风险信息之间心理距离的远近不同。

---

① 谢晓非、徐连仓：《公众在风险认知中的偏差》，《心理学动态》1996 年第 4 期。

② 谢晓非、王惠等：《SARS 危机中以受众为中心的风险沟通分析》，《应用心理学》2005 年第 2 期。

③ 谢晓非，徐连仓：《公众在风险认知中的偏差》，《心理学动态》1996 年第 4 期。

④ Liberman, N., & Trope, Y., “Temporal Construal Theory of Interterm-Poral Judgment and Decision”. In G. Loewenstein, D. Read & R. Baumeis-ter (Eds.), *Time and Choice: Economic and Psychological Perspectives on Intertemporal Choice*, New York, NY: Sage, 2003, pp. 217 – 240.

综上所述，受众的风险认知主要来自风险传播中的各类信息，这种认知是有层次性的；风险认知的层次性反映了受众对风险传播心理距离的层次性。所以，受众的风险感知是衡量受众与风险传播之间心理距离的指标之一。

2. 受众对风险传播的情绪差异

在情绪心理学研究中，不同的研究取向对情绪有不同的定义。情绪的身体知觉取向认为，情绪来自对身体变化的知觉。美国科学心理学之父 James 最早在 1884 年提出的情绪定义指出，“情绪是伴随对刺激物的知觉直接产生的身体变化，以及我们对这些身体变化的感受。”① 而认知评价取向的情绪研究则认为，情绪反应产生的前提是对事件的评价。Lazarus 在 1984 年就撰文指出，“情绪是来自正在进行着的环境中好的和不好的信息的生理心理反应的组织，它依赖于短时的或持续的评价”②。而在社会心理学看来，情绪不仅是评价，“情绪还会因评价过程而改变，即人们会根据事物和他们当前目标的关系来评价当前环境中的人和事物”③，评价过程主要包含了初级评价阶段和次级评价阶段。

大量的心理学研究证明，认知不仅是情绪的充分条件，也是必要条件。“无论是作为自变量还是因变量，情绪都是个体对周围事件相对于自身的意义或者福祉的评估”，“情绪从来都是对认知活动的反应，或者说情绪是在认知过程中产生的某种意义，而且认知过程的目的就是实现这一意义。”④谢晓非在研究关于风险情境中的公众理性时更是明确指出，“对风险事件的知觉能够极大地影响到人们的情绪状态”⑤。所以，在风险传播中，受众的风险认知也会刺激受众对风险传播的情绪：当有关风险或风险事件的信息通过各种媒介传播和流动的时候，一方面，受众会对这些风险信息进行选择性的加工和整理，进而形成个体关于风险的基本

---

① James, W., “What is an Emotion?” *Mind*, Vol. 34, 1884.

② 傅小兰主编：《情绪心理学》，华东师范大学出版社 2015 年版，第 4 页。

③ ［美］托马斯·吉洛维奇等：《社会心理学》，侯玉波等译，中国轻工业出版社 2016 年版，第 198 页。

④ Lazarus R. S., “Cognition and Motivation in Emotion”, *American Psychologist*, 1991, pp. 352 – 367，转引自刘烨《认知与情绪的交互作用》，《科学通报》2009 年第 9 期。

⑤ 谢晓非、郑蕊：《风险沟通与公众理性》，《心理科学发展》2003 年第 11 期。

认知；另一方面，受众个体会将风险传播构建的风险信息系统与其认知的风险信息系统进行心理评价和加工对比，二者之间差异的程度将引发受众不同的情绪反应。而受众的情绪反应，也会因其处于不同的评价阶段而表现出层次性来。

谢晓非的有关 SARS 的风险沟通中受众理性的研究显示，个体所拥有的关于 SARS 的知识越多，焦虑程度就越低，情绪就越趋于理性①，这反映出人们对风险知识的认知水平对其情绪反应的影响；而且受主体认知水平层次性的影响，主体的情绪反应也表现出相应的层次性。因此可知，不同等级的风险认知水平会引发不同程度的风险情绪反应：当受众的风险认知水平较高时，受众的焦虑、恐惧、愤怒情绪可能就有减弱的趋势，理性增加；而当受众的风险认知水平较低时，受众的焦虑、恐惧、愤怒情绪则呈上升趋势，情绪波动增加。同时，有心理学实验研究证明，曝光频次可以提高被试对中性刺激的关注程度，所以，风险传播中的信息曝光频率会直接影响受众对风险信号的关注程度，进而引发不同程度的风险情绪反应。② 综合而言，受众有关风险情绪的差异性，既来自受众风险认知水平的不同，也受风险传播中信息流动方式和曝光频次的影响，是受众面对风险信息而产生的不同等级的情绪性心理表征。受众的情绪差异反映了受众与风险传播之间的心理距离差异。

近年来也有大量神经和行为科学的研究证明，情绪不仅是认知的反应，情绪也会对认知产生影响，二者之间存在双向互动的功能。不仅如此，情绪还能够提供关于好与坏价值判断的具体信息，通过这种方式，情绪体验支配着我们的态度和思考风格。③

3. 受众对风险传播的态度差异

态度是主体对人、事物或观念所持有的稳定的、带有心理倾向性的评价体系。这种评价体系既可以是积极的，也可以是消极的，包含了认知、情感和行为意向三个维度的因素。“当刺激物持续刺激个体时，个体

---

① 谢晓非，谢冬梅等：《SARS 危机中公众理性特征初探》，《管理评论》2003 年第 15 期。

② 刘烨等：《认知与情绪的交互作用》，《科学通报》2009 年第 18 期。

③ Clore G L, Storbeck J. , “Affect as Information about Liking, Efficacy, and Importance”, In: Forgas J, ed. *Affect in Social Thinking and Behavior*, New York and Hove: Psychology Press, 2006. pp. 123 – 142.

通过评价模式就会感知这一刺激物对自己的价值，进而逐渐认识到个体对刺激物的情绪，如此便形成一种态度”，而且，“态度不是刺激物与个体初次交互作用时就产生的，而是经过连续刺激产生某种固定的评价的”①。从这个角度来说，态度的形成也是主体进行心理加工和不断调试的过程。

霍夫兰等人开创了传播影响受众态度的心理测量研究范式。根据霍夫兰及其后来者的研究，影响受众态度改变的变量包括了传播者、信息渠道、信息内容和受众自身，各个变量与态度改变之间的关系及影响程度都是可以测量的。受众态度的构成里包含了认知因素、情感因素和行为意向因素。而受众的行为反应（即态度改变）测量技术包含了心理距离的测量，通过对主体与客体之间的态度变化的程度来反映二者之间心理距离的差异。

受该理论的启示，当风险出现或风险事件发生时，一方面，大众媒体对风险的关注角度和频次会帮助受众建立初级的风险认知体系；另一方面，在大众媒体风险传播的同时，这些风险信息还会经由人际传播、自媒体传播等渠道发散开去。在这一过程中，受众不断接收到多面向、多渠道而形成的复杂的风险信息网络的刺激，这些刺激不仅会不断调整受众的风险认知，也会影响受众对于风险信息的情绪，并通过风险信息、风险认知和风险情绪之间的交叉互动而进行心理调适，最终形成符合受众自身价值的、相对稳定的风险态度。

受众对风险的态度有积极的取向和消极的取向。结合霍夫兰的说服研究，在风险传播的环境中，受众无论对风险及信息持何种取向，只有他们积极或消极的程度，或者说他们对风险支持或反对的程度，才能反映出风险传播对受众的影响程度，进而反映出受众与风险传播之间的心理距离。例如面对转基因食品的各种信息，有的受众持积极的支持态度，有的受众持消极的反对态度，但只有受众从主观上更为关注这一风险，他们的信息需求才会迫切，也才能与风险传播产生出接近的心理距离；相反，当受众主观上不关注风险时，他们缺乏强烈的信息需求，则与风险传播保持较远的心理距离。所以，态度差异同样是衡量受众与风险传

① 刘鹏、胡新宇:《试论情绪与态度形成的关系》,《科技创新》2011 年第 12 期。

播之间距离的重要指标之一。

研究受众对风险传播的态度是非常有意义的。认知一致性理论认为，人们会有意识或无意识地保持他们已有的观点。[①] 所以，在风险传播中，受众会“倾向于接触那些与已有态度和兴趣一致的大众传播内容，他们自觉或不自觉地避免那些唱反调的传播”，这不仅会影响风险传播的效果，还会进而影响受众的行为反应。

4. 受众的行为反应差异

行为心理学通过研究人的行为的方法去研究人的心理表征，它认为：行为，是指人体器官对外部刺激所产生的反应，是个体对刺激信息进行心理加工之后产生的外显性活动。在认知心理学看来，个体的认知、情绪、态度和行为，都是外部刺激作用的结果，而个体对外部刺激的心理距离则影响个体认知、情绪、态度、行为的反应方式和程度。正如博班姆和贝恩所指出的，“行为是态度与环境相互作用的结果，但影响行为的因素除上述两者的相互作用外，还有个人的认知态度，当时的情绪好坏以及个人对外界环境的一贯倾向等，都对其行为发生影响。”[②]所以，行为作为心理过程最终的外化形式，它既可能是认知、情绪和态度某一心理作用的结果，也可能是这些心理作用交叉互动的结果；同时，心理学也用归因理论来解释行为产生的原因和过程，即行为也是人们心理活动的表征，行为反应表达了人们对对象刺激物所抱持的某种认知、情绪或态度。

在风险传播中，受众常常暴露在各种风险信息的多重刺激下，受众的风险认知、风险情绪或风险态度均通过不同的方式反映着受众与风险信息之间的心理距离，而受众对风险信息的行为反应是受众与风险传播之间的心理距离最直接、最明显的反映。面对风险主题或风险事件，当风险信息被受众推上社会焦点关注议题时，当受众积极主动地寻找各种有关风险的知识和信息时，当受众运用各种媒介渠道表达与风险传播的对话和交流时，当受众对某些风险事件提出抗议、甚至爆发群体性事件

① ［美］斯坦利·巴兰、丹尼斯·戴维斯：《大众传播理论：基础、争鸣与未来》，曹书乐译，清华大学出版社 2014 年第五版，第 156 页。

② 时蓉华：《社会心理学》，浙江教育出版社 1998 年版，第 299 页。

时，这些受众行为都激烈地反映了受众与风险传播之间所持有的亲近的心理距离；相反，当受众对某些风险议题反应平淡，甚至在行为上无动于衷的时候，则反映了受众与风险传播疏远的心理距离。受众与风险传播之间心理距离的不同反映了他们在风险传播中的心理表征层级分布。

面对风险传播中信息流动的刺激，不同受众个体的心理表征过程是不同的：有的受众会产生“认知—情绪—态度—行为”一系列的心理调适和变化，并最终以应对风险的某种行为完成整个心理过程；而有的受众对风险的心理关注则会在某一阶段停留或停止，只完成心理过程的一部分。由此可以清晰地看到，不同的受众对风险及传播的心理距离是具有差异性的，而这种差异性的产生，则是风险自身、风险传播和受众个体特性等多方面共同作用的结果。

以上我们分析了受众与风险传播之间心理距离表征的考量指标，包括了受众对于风险传播的认知、情绪、态度和行为反应，这些指标都是可测量的，测量结果可以更为精确地反映受众与风险传播之间不同心理距离的状况，这或许可作为进一步研究的尝试方向。

三　心理距离维度的受众分层

在风险社会中，那些具有社会普遍性的风险议题，虽然会关联到所有的大众受众，如食品安全问题、环境污染问题、健康风险问题等，但是，并不是所有的受众都会同等程度地关注传播领域的风险议题。同时，心理学的研究表明，在现实生活中，人们通常会自由地选择不同的表征水平对事件进行解释，进而就会形成不同的表征层次，最终形成层级化的心理表征系统。① 道格拉斯也认为对高风险的感知会强化社会区隔，“人类社会的普遍特点之一，或许就在于对危险的恐惧倾向于强化共同体中分隔的界限”②。谢晓非通过对 SARS 中民众恐慌情绪的研究，向我们

① 段锦云、朱月龙等：《心理距离对风险决策框架效应的影响》，《心理科学》2013 年第 6 期。

② Douglas，M.，*Risk and Blame：Essays in Cultural Theory*，London：Russell Sage Foundation，1985，p. 125.

论证了在风险情境中，风险传播会建构、影响和改变受众的风险认知，而风险认知又会进一步影响受众风险情绪、风险态度和风险行为。①

受众有关风险的认知、情绪、态度和行为从不同维度反映了受众对于风险传播的心理表征，从而也反映了受众与风险传播之间的心理距离。这种差异是可测量的，是有层次性的。我们认为，在风险传播中，伴随受众与风险及风险传播之间心理距离的变化，受众对风险信息的关注程度、信息需求也会产生相应的变化：受众越关注风险信息，他们与风险传播之间的距离就越近，风险信息需求就越旺盛；反之，受众对风险信息越漠视，他们与风险传播的心理距离就越远，风险信息需求就越平淡。根据受众与风险传播之间的心理距离远近亲疏程度，我们将风险传播中的受众分为核心关系层、次核心关系层和外围关系层三个层级。

需要说明的是，从心理距离的维度来观察风险传播与受众的关系，主要考察的是二者关系的远近程度，而非受众心理所持有的价值观。其含义在于，心理距离的考量将忽略受众对于风险传播所持有的心理表征的价值取向——支持或是反对、信任或是质疑、积极或是消极等待，而仅仅以这些价值取向的表现程度为分层标准。

（一）核心关系层

核心关系层，是指与风险议题保持非常亲近的心理距离、在现实中强烈关注某一风险议题或各类风险议题、并对该风险议题非常熟悉的受众群体。他们包括特定风险相关领域的科学专家、风险项目相关部门管理者、社会中特定议题的舆论领袖和大众受众中对风险保持积极关注的受众，他们对风险传播有着较高的认知度；同时，核心关系层还包括当风险项目建设或风险事件爆发时，与风险利益相关性密切的受众群体，这一群体内又同时包含了风险项目的受益者和风险后果的承担者，他们也将保持对风险传播的高度关注。由于与风险传播的亲近的心理距离，核心关系层受众较为密集地分布在风险传播的周围。

核心关系层内的受众，表现出对风险传播的高度关注，对风险议题

① 谢晓非、郑蕊等：《SARS 中的心理恐慌现象分析》，《北京大学学报》（自然科学版）2005 年第 7 期。

持有相对稳定的价值取向，有着明显的议题聚合性群体特征，即他们都热切地围绕在风险传播的核心区域；但该关系层内又同时包含了两个截然不同的群体构成和对风险传播截然不同的价值取向：以科研专家、政府管理者、风险项目建设者等为主体的受众群体对风险报道持有正面的肯定及支持取向，他们会较为信任风险传播中的知识和信息，更为认可风险项目对经济、社会的推动作用，对可能面临的风险也持可理解和可接受的正向情绪和态度，他们对风险及传播的行为则更趋向理性；而在风险项目建设中有可能承担有害性后果的受众群体则对风险报道持有负面的否定及质疑取向，他们会选择性地对待风险信息，他们会更关注风险中可能发生的负面危害及个人或后代承担的概率和严重性，对可能面临的风险持坚决的质疑和反对的负向情绪和态度，他们对风险及传播的行为则更趋向非理性。

所以，风险传播核心关系层，是一个对风险传播关注度高、交流互动深入的群体，但同时也是其内在层级构成复杂、价值取向多维的群体，如何能协调这种不同价值取向、相近关注程度的风险信息需求，需要我们进一步地深入思考。

（二）次核心关系层

次核心关系层，是与风险议题保持比较亲近的心理距离、在现实中对风险议题的关注处于中等水平、对风险传播保有中等熟悉度的受众群体。次核心关系层主要包括了有一定文化程度的、有着较好媒介素养的受众，他们可能是因为持续关注新闻而同时关注了风险议题，也可能是因为与风险有一定的相关性而持有一定的风险关注度，也可能因个人兴趣而选择性地关注一些风险议题。

次核心关系层的受众，他们对风险传播的关注程度没有核心关系层那么强烈，在风险传播中是一种分散的、随机的分布，对风险议题的认知也处于中等水平，且对风险没有稳定的认知价值取向，所以群体特征不明显。但是，当某一风险议题或风险事件产生现实性剧烈影响时，他们会迅速调整原有的风险信息认知系统和风险传播关注度，有向核心关系层转化的强劲动力；而当风险议题淡出社会讨论时，他们又会回归到中等距离的关注水平。

次核心关系层的受众，可能不会积极主动地寻找关注风险信息，日常积累的风险知识和经验也会对他们的风险感知、策略行为产生相当的影响。他们对风险议题关注的程度，会受到社会总体对风险议题关注程度的影响，或者受风险议题在社会上的热议程度的影响。

（三）外围关系层

外围关系层，是指与风险议题保持疏远的心理距离、对风险议题关注很少，甚至不关注风险议题的受众群体。外围关系层的受众，主要包含了受教育程度较低、没有风险意识、很难认知风险的群体，也同时包括了有一定的媒介素养或文化水平但对风险议题完全不感兴趣的群体。由于缺乏共同议题的组织和动员，这一层级的受众基本没有群体特征，他们随机地分散在风险传播的外围。

外围关系层的受众，除去少量的对风险完全没兴趣的群体，大部分受众由于平时关注风险议题较少，导致缺乏对风险的基本认知，在风险产生现实剧烈影响时，他们虽也有向核心关系层转化的动力，但却可能缺乏基本媒介素养和对风险的认知能力，而导致转化无力，也可能导致风险认知的完全错位等。

需要指出的是，虽然一般意义的风险传播对外围关系层的受众来说近乎无效，但在剧烈的风险情景下，风险传播则需要对这一层级的受众予以额外的关注。这是因为，一方面，突发的风险情境会“使个体处在强烈的心理应激状态下，个体对风险相关的信息有强烈的需求”①，他们会迅速向风险传播的核心区域聚集，渴望对风险的了解，渴望恐惧的消除等；另一方面，由于缺乏基本风险知识、媒介素养的积累，受“认知一致”心理的驱动，他们会更多关注有关风险的负性信息，也更容易相信风险传播中的流言飞语，进而产生非理性的态度和行为反应。所以，在突发风险情境下，需要更多关注从外围关系层进入到核心关系层的受众群体的风险信息需求特点。

---

① Taylor, S. E., *Asymmetrical Effects of Positive and Negative Events*: *The Mobilization-Minimization Hypothesis*, Psychological Bulletin, 1991, pp. 67–85，转引自谢晓非、胡天翊等《期望差异：危机中的风险沟通障碍》，《心理科学进展》2013 年第 5 期。

四　受众信息期待与心理满足

风险传播是一个充满了矛盾和冲突的社会情境，也是一个充满形形色色的风险信息的传播场域。心理学的研究证实，“人们具有负面信息主导的心理特征：人们会赋予负性信息更大的权重，对负性信息的反应会强于对正性信息的反应，对负性信息会给予更高的信赖程度和重视。”[①]所以，在风险语境中，关注受众对风险信息的心理需求，研究受众与风险之间的心理距离，才能更好地提升受众的风险认知度，解决受众在主观上对风险传播的判断；相反，如果未能真正了解受众有关风险的心理问题及矛盾，将会放大和扩散受众对风险信息的负面认知，引起谣言的流传和恐慌的蔓延。虽然空间距离、知识区隔均会影响受众的风险认知和决策，但最终影响受众风险判断和评估的是他们对风险的主观认知，这种认知取决于受众对风险传播的心理距离，并决定了受众对风险传播的关注度及风险信息需求度。风险传播中处于不同层级的受众，对风险信息的心理期待是不同的。

核心关系层的受众对风险信息和知识有着最为强烈的心理期待，但此处的信息需求分为两类，一类是始终保持对风险信息高度关注的受众群体，他们有着成熟稳定的风险认知，因此可能更为关注风险政策、风险项目进展等信息，为自己的风险决策和发展提供方向性指导；另一类是因为风险事件而迅速聚集到核心关系层的受众群体，他们对风险信息的需求更基础、也更迫切，其最重要的信息期待在于基本的风险知情权、基本安全保障和利益保障信息等，同时还包括普通受众可理解和接受的风险科学知识。核心关系层的两类群体，虽然他们因各自的风险认知基础不同而导致其对风险报道的关注维度有所不同，但是他们对风险传播的关注程度却是非常相似的。

处于次核心关系层的受众，他们也会关注风险信息，拥有一定的风险认知基础，但是没有特别强烈的信息期待，所以，这一层级受众的信

---

① 谢晓非、胡天翊等：《期望差异：危机中的风险沟通障碍》，《心理科学进展》2013 年第 5 期。

息需求特点不明显，符合日常新闻传播规律的、客观公开的风险报道即可满足他们的信息需求。处于外围关系层的受众，他们或者对风险信息没兴趣，或者完全隔离在基本的风险认知之外，除非有特殊契机让他们转换到核心关系层，否则，他们甚至没有风险信息需求。

通过以上的分析我们可以看到：核心关系层的受众信息需求最强烈，对风险项目的发展也更有影响作用：前一类受众对风险项目的决策可有正性的推动和建设性影响，而后一类受众如若传播效果欠佳，则会对风险项目的发展带来负性的阻碍和困难，所以他们是风险报道和信息传播的目标受众群体。次核心关系层对风险信息关注度处于中等水平，因此在风险传播中兼顾即可。而外围关系层则虽然没有特别的信息期待，但在风险传播中应充分考虑如何防止突发风险事件新闻报道引发他们产生高度的、非理性的风险关注，中国近年来风险突发事件频发的重要原因之一就此类受众信息匮乏的严重影响，“在焦虑和恐慌情绪的作用下，个体对于有效的风险传播有强烈的期望，但在危机状态下，这种期望往往很难实现”[①]。所以，我们要以核心关系层的两类受众的信息需求为主，兼顾次核心关系层的常规风险信息普遍知情需求；当以上两个层级的风险传播达到受众期待了，那么外围关系层的需求或已满足。

（一）正负信息均衡构架，预防信息对抗矛盾

正如我们在文首所指出的，现代化的风险是科学技术发展的伴生品，科技文明中总是同时包含了技术进步的正性意义和暗含风险的负性意义。所以，在风险传播中，我们应该同时构架正负两方面的风险信息，满足核心关系层的信息期待，并以适切的比例保持二者的均衡性：一方面要向受众告知政府风险项目建设方向、立意、安全评估和环境评估等方面的把关和考量，以及该项目对经济、社会等方面带来的积极推动意义；另一方面还应向受众提供该项目建设在风险中包含的危害概率、严重性、影响范围及补偿性措施等。采取这种信息构架方式主要基于以下几方面的考量：

---

① 谢晓非、胡天翊等：《期望差异：危机中的风险沟通障碍》，《心理科学进展》2013 年第 5 期。

第一，预防受众对单一的、正性信息有包含质疑的对抗性心理。我们以往的传播惯习中，总是过多地站在政府、科学发展和社会进步的角度展开风险项目建设的宣传，尤其在风险事件已经爆发时，传统大众媒体往往选择“安全评估、环保评估合法”“项目程序合法”“庞大的经济效益”等立场与政府、企业保持统一。[①] 但是，心理学的研究证明，个体在信息选择中“往往赋予负面信息更大的权重”[②]，人们对负面信息的记忆也更为持久。这种正向宣传为主的风险报道方式和受众对负性信息的过多关注很容易形成风险报道与受众信息需求之间的矛盾，很容易引发受众对风险报道的质疑和对抗，形成抵触性风险认知，这在风险事件中会表现的更明显，如自厦门 PX 项目以来游走于各地均遭到抗议甚至爆发群体性事件的 PX 项目系列事件中，受众对风险报道中的只包含正向风险信息大都抱有主观的、固执的不信任。

第二，提升受众的知情权益，争取受众理解。英国国会科技办公室的一项关于公众风险认知的研究认为，“人们更愿意接受他们所熟悉的风险”[③]。风险传播中单向的、正向信息的传播方式，一方面忽视了对可能承担风险后果的受众应有的知情权，会让受众产生传播者一方故意隐瞒风险危害的忧虑，甚或可能增加了受众对风险传播的质疑和对政府的不信任；另一方面可能增加了受众认知风险的障碍，因为风险信息中可能并未将风险信息完整如实地呈现给受众。在缺乏透明互信、缺乏信息对等双重作用之下，受众就难以理解、难以接受这样的风险信息，更难以接受现实中的风险项目。

所以，在风险传播中应同时呈现正负双向信息均衡构架的报道内容，才能有效防止受众对正负信息的对抗性解读，提升受众的风险认知，进而获得受众的理解和接受。

---

① 朱田凤：《场域视野下的风险传播与论争——以厦门 PX 事件为例》，《新闻知识》2016 年第 5 期。

② 谢晓非、郑蕊：《风险沟通与公众理性》，《心理科学进展》2003 年第 4 期。

③ ［英］斯图尔特·艾伦：《媒介、风险与科学》，陈开和译，北京大学出版社 2014 年版，第 107 页。

（二）尊重受众“求安”立场，消除信息期待偏差

面对风险议题，受众与媒介、政府等的立场往往是不同的。风险传播中的政府和媒介立场，往往会站在以科学专家为指导的社会效益的立场上，他们更多关注项目的可行性、环境评估的可接纳性和安全的概率；但是，受众则会首先站在最基本的人身、环境等“安全”立场上，他们更多关注风险危害的范围和程度，如果信息期待得不到回应，他们就会“对缺乏了解的、包含高新科技而难于理解的事物会过高地估计其风险性的程度”①。受众与政府及媒介之间的这种立场差异导致风险传播与受众的信息期待产生偏差，降低了风险认知度，带来风险传播的障碍。

不仅如此，根据谢晓非等人的研究，“个体加工接受到的风险信息时，会判断信息发布者的突出关注点是否与自己的相似，即判断突出关注点相似性。”② 当风险传播中的关注点与受众的关注点相似性高时，受众的信任水平就会高，反之则低。风险报道的基本立场和信息突出点都会影响受众与他们之间的心理距离——关注和信任的程度。

因此，在风险传播中应尊重受众的“求安”立场，提供其欲知而未知的有关风险的危害性所在、危害的概率、时空范围等，尽量提供与受众信息期待一致的风险新闻报道，在风险报道中做到不隐瞒项目真实进度、不降低风险真实概率、不虚报风险安全可靠性、不回避风险危害性等，力争做到消除受众的信息期待差异，获得受众理解，切实提升风险传播的效率。

（三）“科学宣传＋利益信息共享”，争获受众心理认可

在风险传播中，要提升受众的风险认知，还需遵循风险项目的“科学宣传＋利益信息共享”原则，让受众在科学、透明的信息环境中认可政府的风险决策，主观愿意接受有关风险项目建设的宣传意图，进而接受风险项目。

---

① 谢晓非、谢冬梅等：《SARS 危机中公众理性特征初探》，《管理评论》2003 年第 4 期。

② 谢晓非、胡天翊等：《期望差异：危机中的风险沟通障碍》，《心理科学进展》2013 年第 5 期。

在此，“科学宣传”指的是在风险报道中要对风险内涵的科学原理做应有的说明，这既有利于提高受众的科学素养，又有利于帮助受众了解和认知风险，风险新闻的科学性和透明度有利于建立受众的基本信任。而“利益信息共享”主要指的是明确告知受众风险项目建设的社会收益、经济收益以及可能带给受众的切实存在的收益。在有关风险的心理测量范式的研究中，斯塔尔的风险规则认为：“公众对自愿性风险的接受程度是非自愿风险的1000多倍，风险的可接受性大致像是与收益的三次幂成比例。”①所以，科学的、可接受的风险传播才有获得受众心理接受的可能。

综上所述，在风险传播的社会语境中，与风险传播心理距离不同的受众，其信息需求和期待是不同的；而核心关系层的信息需求，可能对风险项目建设、发展有着更为积极的意义。以核心关系层信息满足为主体，同时兼顾次核心关系层，从正负信息构架、受众“求安”立场及“科学宣传＋利益信息共享”等角度构建风险传播的信息内容，可有效满足受众的信息期待，并能够使他们在心理上认可风险传播的内容、方式，理解政府风险项目的社会效益、经济发展立场，进而提升风险传播的可信度和效果。

风险传播是一个充满危机、矛盾、恐慌和各种不确定性的传播语境，身处其中的受众一方面要承受来自各方的带有严重危害性后果的风险信息的心理考验，另一方面，他们对风险的认知、情绪、态度和行为策略都反映了他们对风险所持有的关注程度，这是受众有关风险的心理表征。在风险语境中，只有切实关照到受众的心理恐慌的根源和信息需求，才能从根本上解决因风险带来的冲突性事件，这是风险传播仍需努力的又一个重要维度。

五　本章小结

在风险传播的社会语境中，受众对风险传播所抱持的心理距离，决

① ［英］谢尔顿·克里姆斯基、多米尼克·戈尔丁：《风险的社会理论学说》，徐元玲、孟毓焕等译，北京出版社2005年版，第7页。

定性地影响了他们对风险及风险传播所产生的各种反应，风险冲突的发生、风险事件的恶化都是风险信息在受众心里引起负性反应的剧烈表现。因此，本章主要从心理距离的维度对风险传播中的受众分层展开讨论。

通过分析我们可以看到，受众与风险传播之间的心理距离主要受到风险性质及与受众的相关性（本质性因素）、风险传播的社会语境（外部因素）和受众的个体性特征（主体性因素）等的综合影响，但如何来观察和测量受众与风险传播之间的心理距离呢？社会心理学和认知心理学的研究给我们带来了考量受众与风险传播之间心理距离的理论启示：即可通过受众的认知、情绪、态度和行为反应等心理表征来考察。也就是说，受众对风险信息的认知水平、情绪表现、态度立场和行为反应从不同的角度反映了他们与风险传播的心理距离，而不同受众的认知水平差异、情绪差异、态度差异和行为差异则反映了他们对风险传播的心理距离之间的差异，并以远近不同的层次性表现出来。

在以上讨论的基础上，受众被主要分为核心关系层、次核心关系层和外围关系层三个层级，不同层级的受众有着不同的受众构成和群体特征，也有不同的信息期待和需求。但是，核心关系层是对风险项目建设发展有着重要影响意义的受众群体，无论是对风险项目有推动作用的科学专家、风险项目相关部门管理者、社会中特定议题的舆论领袖和大众受众中对风险保持积极关注的受众，还是对风险项目推动可能产生阻碍作用的风险利益相关性密切的受众群体，他们共同构成了风险传播中的目标受众群体。

通过对风险传播中受众心理距离和心理表征的分析，主要针对风险传播的目标受众群体，我们提出了有的放矢的风险传播策略，即在风险传播中注意正负信息的均衡构架、以防出现信息对抗的矛盾，尊重受众的“求安”立场、尽量消除可能产生的信息期待差异，最后还要在报道中尽量遵循“科学宣传 + 利益信息共享”的原则，以争取获得受众在熟悉、自愿的基础上对风险传播的信任，才可能达成他们对风险项目建设的认可和接受。也只有受众真正从内心理解和接受了有关风险的种种，才能说风险传播切实提高了风险信息沟通和流动的效率。

第六章

风险传播与受众分层的调查研究

根据前文所述，由于社会距离的存在，导致受众在风险传播中呈现由内而外的层级分布，这种层级分布反映了受众与风险传播之间远近不同的位置关系；而受众与风险传播之间的这种位置关系，也会引发受众对风险议题及信息产生各不相同的风险认知和态度。道格拉斯曾经说，人们所看到的取决于他们所站的位置。前面我们通过大量的现实描述和理论探索，推导和分析了受众与风险之间存在的社会距离的维度和内容，即空间距离、知识区隔和心理距离，并对各自的层次展开了深入系统的论证。更进一步的思考是，对受众进行的三个维度及三个层次的理论探究，如何照进现实？受众所处的不同的距离维度和层级位置，与风险传播之间将有怎样的互动？带着这两个问题，本章将展开风险传播与受众之间社会距离的调查研究，通过对受众与风险传播的关系展开问卷调查，并用统计和分析，来对前述内容进行考察和验证。

一　理论框架与指标体系

通过前文对社会距离理论和解释水平理论的梳理我们构建了风险传播中受众分层研究的社会距离框架，即空间距离、知识区隔和心理距离。空间距离是一种客观的地理距离，知识区隔则是客观的教育程度和主观学习能力的综合距离，心理距离则主要是基于主观的亲疏程度。

空间距离是指受众所在的地理位置与风险及风险传播所处的地理空间之间的距离远近。在现实生活中，我们论及空间，主要是指行政区划中的省、市、地等，风险的发生地和影响范围也往往以此为空间划分的依据，所以，本研究中的空间距离即遵照省、市、地等行政区划的认定标准，并以此作为空间距离的判断指标。

知识区隔是指受众与风险议题“专业知识”及社会建构的“风险知识”之间的距离。风险传播中的绝大部分受众，并不是各个风险领域的专家，所以，面对现代化的高科技风险，他们往往很难对风险专业领域的知识有充分的了解，面对媒介、政府和社会共同建构和传播的、经社会建构而来的“风险知识”，他们也未必能明辨是非，这是由专业知识和社会知识共同导致的距离和区隔。在调查和分析中将学历、媒介选择、媒介信任、科学理性等作为知识区隔的判断指标。

心理距离是指受众与风险及风险传播之间亲疏关系的程度，程度不同，则亲疏远近距离不同。心理距离的形成受受众主体性别、年龄、职业、文化背景和兴趣爱好等的影响，它是一种主观上的距离，通过主体对客体的解释水平得到反映。本研究对心理距离的测量主要以受众对风险议题、风险新闻的关注度、对风险知识的了解程度、对风险信息的传播、反馈主动性等作为测量指标。

根据以上理论框架与指标分析，绘制了表6－1，即本书中社会距离的研究变量及指标体系。空间距离、知识区隔和心理距离三个维度并不是相互独立的，它们之间互为影响。由于空间距离的存在，风险对受众的威胁减轻，受众对于风险传播的关注度、即心理距离随之增大，对风

表6－1　　社会距离的研究变量及指标体系

	变　量	指标体系
社会距离	空间距离	行政区划
	知识区隔	学历背景
		媒介选择
		媒介信任
		风险认知理性
	心理距离	风险新闻关注度、类型
		对风险的了解程度
		传播、反馈的主动性

险知识的关注和学习也会随之减少；钱敏汝认为，人们在交往过程中专业知识方面的障碍是第一性障碍，受知识区隔的影响，受众对远距离的风险、对不了解的风险的认知积极性会下降；而受众与风险及风险传播之间的心理距离（或亲疏关系）是空间距离、知识区隔的综合作用在心理上的反映，这种距离还受到风险与受众相关性的影响。

二　研究目标体系

如前所述，本书认为风险传播与受众之间存在着远近不同的社会距离，正是由于社会距离的存在，对风险传播的有效性、受众的风险恐慌等都带来了深刻的影响。从理论上讲，我们认为：受众对风险传播议题的关注和反应与他们在风险社会中所处的层级有关。但是，受众与风险传播之间的社会距离又是较为复杂的存在，而非单一的距离变量，根据解释水平理论和社会距离理论，并结合本研究的风险传播的议题特殊性，我们在调查研究中，将主要考察和验证的研究假设如下：

假设1：空间距离维度下受众的社会分层

在风险传播中，伴随受众所处的地理位置与风险及风险传播的空间距离越来越远，受众对风险及风险传播的关注度会下降，受众对风险信息的需求与风险所处的空间距离呈负相关关系。

假设2：知识区隔维度下受众的社会分层

在风险传播中，伴随受众与风险及风险传播之间的知识区隔的增大，受众对风险信息的需求会降低，受众与风险知识的距离与受众对风险的态度呈负相关关系。

假设3：心理距离维度下受众的社会分层

在风险传播中，伴随受众对风险及风险传播的心理距离的增大，他们对风险信息的需求会降低，受众对风险传播的心理距离与风险传播的效果呈负相关关系。

三 调查活动与样本特征

（一）抽样方式与样本

本次调查主要采用随机抽样调查的方式，运用了网络调查和实地调查相结合的调查路径。网络调查问卷借助于问卷网生成电子问卷，主要通过微信、微博和 QQ 等发放，时间从 2016 年 5 月 10 日至 2016 年 5 月 29 日，共回收到全国 29 个省、自治区和直辖市的问卷 431 份，有效问卷 431 份。纸质问卷由学生走上街头实地调查，时间从 2016 年 5 月 10 日至 2016 年 6 月 10 日，发放问卷 200 份，回收问卷 200 份，其中 6 份问卷因信息严重缺失作废，有效问卷 194 份。所以，调查共计发放问卷 631 份，回收问卷 625 份，有效率 99%。为了方便统计，纸质问卷数据也同时输入问卷网的数据库，并生成 625 份问卷的统一数据。

（二）问卷设计与主要内容

网络问卷与纸质问卷采用了完全相同的内容设计结构。问卷内容包含了调查对象的基本信息，即性别、年龄、学历、职业、收入、居住地等。问卷的主体内容有三部分，包括受众的媒介接触状况（Q8—Q10）、受众对风险传播的关注状况（Q11—Q19）、风险传播的效果及反馈（Q20—Q33）。问卷设计上，空间距离属于客观距离，知识区隔也可通过一定的教育程度和知识水平来反映，因此采用了直接询问的方式；而心理距离则带有强烈的主观性，因此采用了与具体的风险议题相结合的方式，选择了近年来争议较多的 PX 项目、转基因食品和雾霾天气三个风险议题。

四 受众基本特征和媒介接触情况

（一）参与调查受众基本状况描述

在 625 份有效问卷中，男性受众 281 人，女性受众 344 人。在年龄分布上，18 岁以下的 8 人，18—25 岁的 181 人，26—35 岁的 166 人，36—55 岁的 258 人，56 岁以上的 12 人，青壮年受众占了调查对象的绝大部分。在学历分布上，大学专科及本科 357 人，初中及以下 57 人，高中及各类中专、技校 86 人，硕士 97 人，博士及以上 42 人。在职业分布上，政府及各类事业单位 163 人，媒体从业者 22 人，企业职员 160 人，学生 147 人，自由职业者和居家无业者 102 人，其他 31 人未填写。而受众样本分布于全国 29 个省、自治区、直辖市。在收入上，月收入在 3000 元以下的 232 人，3001—6000 元的 197 人，6001—10000 元的 115 人，10001 元以上的 81 人。学历、职业和经济收入能够对受众所处的社会阶层有所反映，这在后面再进一步论述。

（二）受众媒介接触情况统计分析

从调查统计来看，受众日常了解新闻的渠道主要有微信、新闻 App 和电视（由于这道题目是复选题，所以统计以人次为计量单位），而每天接触时间最长的媒介前三则为微信、新闻 App 和门户网站及论坛。在这些受众中，他们平均每天关注新闻的时间主要在一小时到两小时之间。如表 6 - 2 所示：

表 6 - 2　　受众媒介接触情况统计

	第一	第二	第三
日常了解新闻的渠道	微信（503 人次）	新闻 App（380 人次）	电视（326 人次）
每天接触时间最长的媒介	微信（283 人）	新闻 App（119 人）	门户网站及论坛（79 人）
每天接触新闻的时间	1 小时以下（299 人）	1—2 小时（282 人）	2—4 小时（42 人）

受众的媒介接触情况统计显示，现代社会的受众主要通过微信、新闻 App 等新媒体终端了解新闻和信息，且微信占据绝对的优势地位。微信作为新媒体目前与生活关联度最高的中介平台，自媒体的使用对传受关系、信息的时空和传播模式都有很大的影响，对风险传播的影响也很显著。因此，我们将在后面的章节专门讨论新媒体风险传播对受众与风险信息之间社会距离的改变和影响。

五 受众风险传播的社会距离统计分析

根据前文研究框架设计，本书对受众进行分层的标准为社会距离，而社会距离又从空间距离、知识区隔和心理距离三个变量展开。根据齐美尔对社会距离远近的划分，本研究的社会距离也主要从近距离、中距离和远距离三个尺度来衡量，以较为明确地观察受众和风险传播之间的距离。

（一）受众与风险及风险传播的空间距离统计分析

关于受众与风险传播的空间距离，调查中共涉及两个题目：

Q17：您会关注以下哪些区域空间的风险事件（可复选）？

Q23：当PX项目或其他核项目、化工项目与您距离多远时，您的恐惧感会下降或消失？

Q17为复选题，主要考察受众对风险发生空间的直接判断，Q23以化工类项目为例来测量受众在空间变化中的关注度变化。在统计中，本市对应“近距离”，本省对应“中距离”，外省和国外对应“远距离”，那么受众关注与风险及风险传播的空间距离的统计如下（见表6－3）：

表6－3　　空间距离维度受众分层统计

空间距离	人次
近距离	465
中距离	441
远距离	417

Q23显示，除了51人选择无论化工项目距离自己的生活空间多远距离都不会恐惧（这表示恐惧与空间距离无关）以外，选择只要不在本市178人不会恐惧、不在本省225人不会恐惧，另有171人选择无论多远都会恐惧（这还是表明受众对某些风险项目的恐惧与空间距离无关）。

1. 空间距离与受众的风险关注度交叉分析

将受众对“本市风险事件”“省内地市风险事件”“外省市风险事

件”“国外风险事件”作为坐标的横轴，而将受众的关注度作为纵轴，我们很容易看到受众的关注度伴随空间距离的改变而产生的相应的变化。如图6－1、图6－2所示：

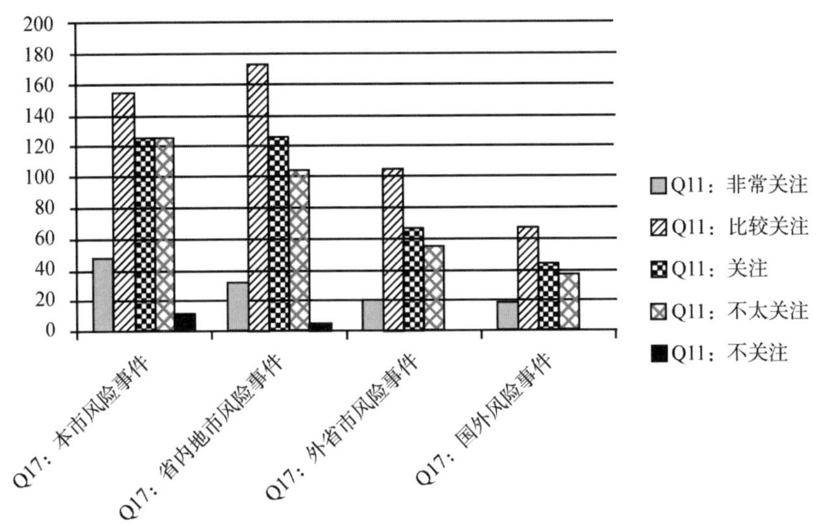

图6－1　空间距离与受众风险关注度关系图

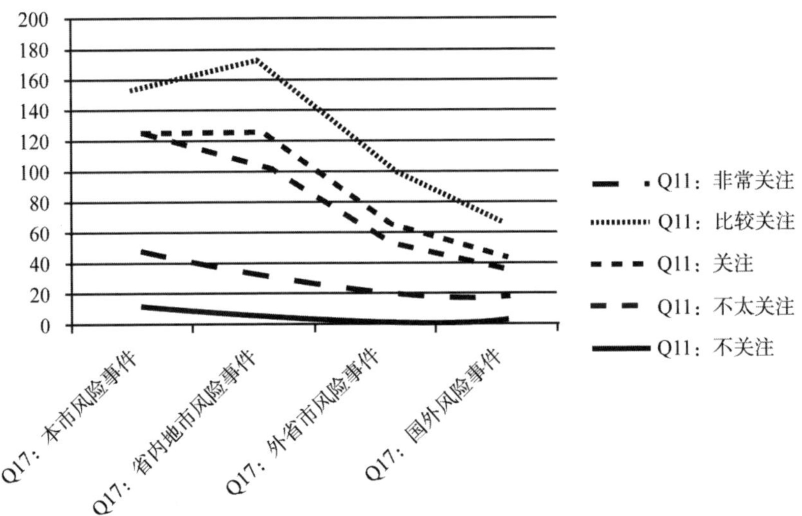

图6－2　受众关注度变化趋势

伴随风险事件空间距离的逐渐变远，图6－1显示了受众对风险议题关注的总人次的变化趋势，图6－2则显示了每一个关注维度人次的变化趋势。从总的趋势上看，对“本市风险事件”“省内风险事件”的关注人次是最多的，“外省市风险事件”“国外风险事件”的总人次依次递减；而从每一个关注维度的趋势图来看，每一个关注维度的受众人次都是呈递减趋势的。

以上数据图的反馈与我们最初的假设是基本吻合的，从两张图里可以明显观察到：伴随风险事件空间距离的递增（变远），关注风险事件的受众数目是呈递减趋势的。也就是说，在风险传播中，伴随受众所处的地理位置与风险事件的空间越来越远，受众对风险事件及风险传播的关注度会下降，受众对风险信息的需求与其和风险所处的空间距离呈负相关关系。

2. 进一步的讨论

虽然对于受众与风险事件之间的社会距离的验证基本符合预期，但是其中还有一些数据偏差值得我们展开进一步的讨论：

调查显示，在每一个空间指标中，都是选择“比较关注”的受众人次最多，而非“非常关注”，其次是“关注”的受众人次；同时，对“本地风险事件”的关注人次比“省内风险事件”关注人次略低，导致了“非常关注”“比较关注”和“关注”的受众人次呈现小波锋分布。为什么会出现这些情况呢？综合分析，可能有以下因素的影响。

第一，风险性质的因素。现代社会的风险，“是指完全逃脱人类感知能力的放射性、空气、水和食物中的污染物，以及相伴随的短期和长期的对植物、动物和人的影响。他们引起系统的、常常是不可逆的伤害，而且这些伤害一般是不可见的”①。所以，对受众而言，很难直接面对、体验风险，也无法切身感知风险的危害性；正是由于缺乏这种直接体验，受众对风险信息的认知、态度和对其他新闻信息的态度是相似的，这就导致了不会非常关注。而当风险性事件在自己周围爆发的时候，这种情况可能会有所改变。

第二，中国新闻传播格局的影响。由于特殊的传媒生态环境，国内

---

① ［德］乌尔里希·贝克：《风险社会》，何博闻译，译林出版社2004年版，第20页。

媒体对所在地区的风险事件的报道常常会存在滞后性，这种滞后性往往会导致媒体所在地受众比外地受众更早地看到风险新闻（如三鹿奶粉事件最早是由《南方日报》报道），甚至有时候，本地媒体即使在风险事件爆发时，也不会大张旗鼓地进行报道。这就在受众心理上产生了一种印象，即看到的风险新闻大多并非本市的。

第三，调查方法的影响。本调查主要是通过微博、微信和街头调查展开的，而微博、微信的调查渠道占据了数据的68%，而微信调查又是通过校友群和学生群多次转发的，因此这些调查对象的教育程度在大学本科以上的至少在半数以上，且这部分群体对风险信息的关注又大多是通过自媒体来传播的。其次，这部分人大多分布于各省的省会或大中城市，他们的高学历和大城市视野也共同影响了他们在新闻选择上不会局限于本市。

当然，以上的分析，只是我们根据现有的资料和数据展开推理的，这种数据的偏差是否完全因以上因素所导致，还需要另外进行针对性的调查和验证。

（二）受众与风险及风险传播的知识区隔的统计分析

关于受众与风险及风险传播的知识区隔，调查中共涉及3个题目：

Q3：学历

Q15：当风险事件或风险新闻出现时，您更为信任的消息源是（可复选）?

Q19：当风险议题有强烈争议性时，你会如何选择?

Q3主要记录了调查对象的受教育程度分布（见表6－4），可通过计算受众受教育程度与风险关注度之间的相关性来观测受众与风险传播之间的知识区隔。

表6－4　　受众学历统计

学　历	数量（人）	比例
初中学历及以下	46	7.3%
高中及各类中专、技校等	86	13.8%

续表

学　历	数量（人）	比例
大学专科及本科	357	57%
硕士	97	15.5%
博士及以上	42	7%

根据 Q15 的统计数据，当面对风险事件和风险传播的时候，大多数人还是选择相信来自政府公告及政府信任的专家、科学家及科研专家的信息，这清晰地反映出受众对风险知识的未知和缺乏，他们希望有公信力的、有专业背景的风险知识来满足自身的信息需求，增进对风险的了解和认知。同时，Q19 观测受众对于有争议的风险议题的态度时，受众绝大多数选择兼听则明，听取各方的意见，这一方面反映了受众对风险认知的迷茫，他们想了解更多，也间接反映了风险对于受众的知识区隔。

1. 知识区隔与受众的风险认知交叉分析

分别将受众的教育程度“初中学历及以下”“高中及各类中专、技校”“大学专科及本科”“硕士”“博士及以上”作为坐标的横轴，将“对待政府公告及政府信任的专家”“科学家及科研专家”为纵轴，通过图6－3，我们将看到伴随受众的教育程度的改变，他们对科学家及科研专家的信任态度的改变；图6－4我们也将看到伴随受众教育程度的改变，他们对待风险的态度也随之发生改变。

数据显示：伴随着受众受教育程度的上升，他们信任的信源呈现交叉变化：一方面是政府公告及政府信任专家比例的不断下降，另一方面是科学家及科研专家比例的不断攀升。这说明，受众个体的教育背景越高，知识素养越高，对待风险也更相信科学，态度趋于理性。同时，伴随受众受教育程度的上升，受众对风险信息的这种理性态度，也使得他们能够“兼听则明”，通过对各种信息的对比而最终自己做出判断和选择。

数据图的反馈与我们最初的研究假设是基本吻合的。两张图从不同的角度向我们验证了：在风险传播中，伴随受众与风险及风险传播之间的知识区隔的增大，受众对风险信息的需求会降低，受众与风险知识的距离与受众对风险的态度呈负相关关系。

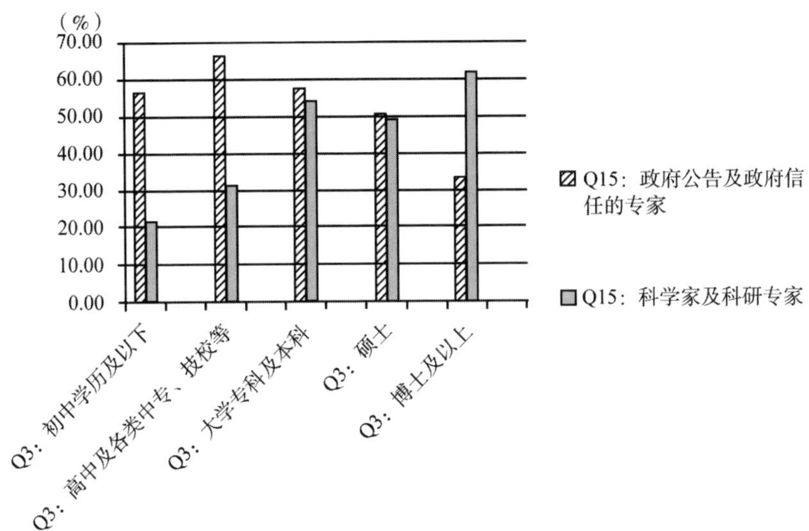

图 6－3　受众受教育程度与风险知识选择态度

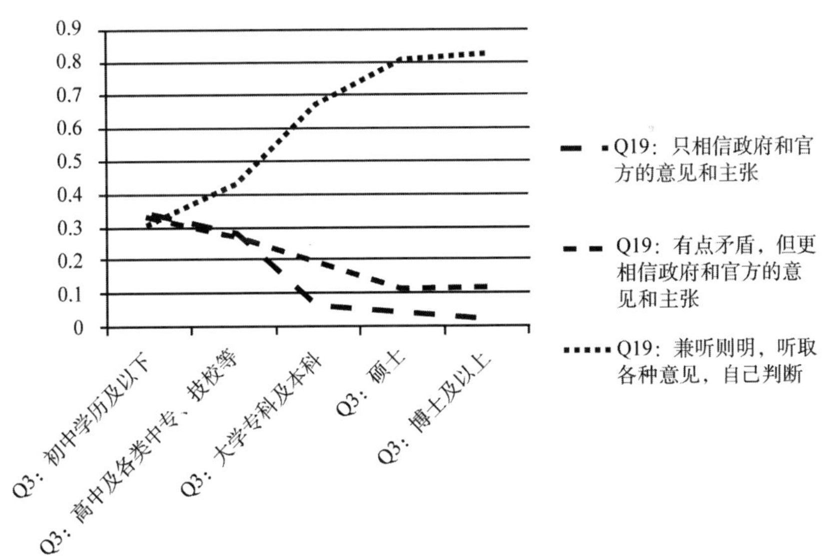

图 6－4　受众受教育程度与风险态度

2. 进一步的讨论

虽然数据向我们验证了受众的受教育程度和知识水平对受众认知、

判断风险的影响，但是，图6－3中，我们看到，两组数据的变化都有一定的波峰：伴随受众受教育程度的提升，他们对“政府公告及政府信任的专家”的态度呈波状下降趋势，而对“科学家及科研专家”的信任态度呈波状上升趋势。产生这种波段的原因何在？是与受众的知识水平和教育程度相关吗？这个还需要通过进一步的调查或实验才能检验。

（三）受众与风险及风险传播的心理距离统计分析

心理距离不同于空间距离和知识区隔，心理距离存在于个体的心智之中，完全是主观性的。为了达到更为清晰的测量效果，除了Q11是考察受众的基本风险态度外，这部分主要是通过和PX等化工项目、转基因食品、雾霾天气这三个具体的风险议题相结合展开的，并进一步考察受众对这三类风险议题所持态度的原因，以及对风险传播采取的行为反应。关于受众与风险传播的心理距离，调查中共涉及10个题目，其中Q21、Q25、Q28属于同类题目，测试受众的风险情绪表征，Q11测试受众的风险态度表征，Q22、Q26、Q29属于同类题目，测试受众的风险认知表征；Q18、Q31、Q32则测试受众的风险行为表征。

1. 受众与风险传播心理表征分析

（1）风险情绪表征分析（见表6－5）

Q21：您会对PX项目或其他化工项目感到恐惧吗？

Q25：您会对转基因食品的存在感到不安吗？

Q28：您会对雾霾天气的出现感到不安吗？

表6－5　　受众的风险情绪测量统计

题目	不会	有点儿	不知道	很恐惧/很不安	如果距离很远就不恐惧
Q21	59	257	213	38	58
Q25	77	382	51	115	/
Q28	28	328	10	259	/

数据显示，针对调查所选的三个风险议题：PX项目、转基因食品和雾霾，受众对他们的风险情绪都表现出不同程度的不安和恐惧：共同的情绪选择是“有点儿”的选项，PX项目、转基因食品和雾霾天气的选择

者分别是 257 人、382 人、328 人，分别占到被调查受众比例的 41%、61% 和 52%，这反映出受众对此类具有相当科学知识的风险议题缺乏相当的了解，因此在情绪上有一定的盲目性；其次的选项是“很恐惧/很不安”，这个主要表现在转基因食品（115 人，19%）和雾霾天气（259 人，41%）的风险议题中，而对 PX 项目排第二的选项则是“不知道”（213 人，34%），从议题性质上我们可以较为清晰地看出：PX 项目风险议题有一定的地理空间性，而转基因食品和雾霾天气则是大部分受众日常可接触的风险项目，所以，受众对后两者的不安/恐惧情绪更显著。这个题目也反映出受众对风险议题的态度受空间距离和知识区隔的多重影响。

（2）风险态度表征分析（见表 6－6）

Q11：您平日里关注风险新闻吗？例如核项目、雾霾天气、转基因食品、PX 石化项目、疯牛病等。

表 6－6　　受众的风险态度测量统计

心理距离	人数（人）	比例
非常关注	58	9%
比较关注	213	34%
关注	172	28%
不太关注	167	27%
不关注	15	2%

数据显示：在所有调查对象里，选择“非常关注”“比较关注”的共计 271 人，达到 43%，占据将近一半的比例。这说明，在日常生活中，受众对风险新闻持有较高水平的主动关注态度，显示了较近的心理距离。

（3）风险认知表征分析（见表 6－7）

Q22：您对 PX 项目或其他核项目、化工项目感到恐惧的原因是？

Q26：您对转基因食品的存在感到不安的原因是？

Q29：您对雾霾天气的存在感到不安的原因是？

表6－7　　受众的风险认知测量统计

题目	第一	第二	第三
Q22	对项目的安全性不清楚（61%）	项目的后果都是很危险的（18%）	政府宣传的项目安全不可信（11%）
Q26	对转基因食品的安全性不清楚（40%）	转基因食品危害身体健康（29%）	媒体关于转基因食品安全性的报道有争议（15%）
Q29	雾霾天气严重危害健康（73%）	对政府治理雾霾信任不足（11%）	媒体关于雾霾天气的报道频率较高而令人担忧（9%）

数据显示：在有关PX项目（Q22）和转基因食品（Q26）的题目里，受众选择排在第一的选项都是“对安全性不清楚”，选择比例分别为61%和40%，这说明受众对PX项目和转基因食品的风险议题缺乏基本的认知和了解；排在第二的选项是对PX项目和转基因食品危害性，选择比例分别为18%和29%，反映了受众对风险项目带来的安全、健康隐患的担忧。这两个题目虽然旨在测量受众对于风险传播的心理距离，但也从另外一个角度反映了风险的知识区隔给受众带来的对未知安全隐患的恐慌。而雾霾议题是近些年较为热门的风险议题，尤其到了秋冬季节，笼罩中国绝大多数城市的雾霾天气给广大受众带来了严重的心理影响，这种亲身的体验提高了受众对雾霾的心理认知，所以受众普遍认为雾霾天气严重危害了人体健康（73%），并对政府治理雾霾存在信任不足（11%）。

（4）风险行为表征分析（见表6－8）

Q18：如果您并不了解转基因食品、PX项目、雾霾等的科学原理及安全性等，您会如何选择？

Q31：当看到或遭遇风险议题时，或看到相关的风险新闻报道时，您会告知您周边的人转发、传播吗？

Q32：当看到或遭遇风险事件时，您会选择适当方式表达自己的意见和建议吗？

表6－8　　受众的风险行为测量统计

题目	第一	第二	第三
Q18	了解大概即可（54%）	了解一些专业知识（28%）	通过各类方式学习专业知识，并依此指导日常生活（14%）
Q31	会（49%）	不一定（36%）	不会（15%）
Q32	会（54%）	观望；看看其他人的反应（24%）	不会（13%）

以上数据显示，绝大多数的受众在面对风险议题时，还是会选择主动行为去了解和认知风险，并在风险事件爆发时会主动参与到传播和互动行为中。受众在行为上的这种选择和表现，反映了受众与风险议题之间的心理距离：心理距离越近，了解、参与和传播风险信息的行为越多；反之，心理距离越远，则会采取观望和不确定的行为方式，受众对风险传播的心理距离与风险传播的效果呈负相关关系。

2. 进一步的讨论

以上对受众风险心理表征的测量统计，总体上反映了受众与风险传播之间存在心理距离的研究假设，也从具体案例中解释了受众与风险传播之间存在的空间距离（Q21）和知识区隔（Q18、Q22、Q26）。但是同时，数据结果还向我们提出了进一步研究的要求：

第一，风险情绪测量题目组对PX项目的测量（Q21）中，选择“如果距离很远就不会恐惧”的人数也不在少数，这显示了空间距离与心理距离之间的相互影响。风险认知测量题目组（Q22、Q26）的数据也同时反映出：受众虽然由于风险议题与自身安全、健康的相关性而产生认知需求，但信息沟通的结果依然令人遗憾——他们大多数人对风险的认知带有强烈的科学知识的不确定性，这种不确定性会加重他们对风险的恐慌和不安。以上题目向我们显示了研究设计中社会距离的三个维度——空间距离、知识区隔和心理距离之间是存在交互影响的，但是，从统计结果中我们仅能看到这种交互影响的存在，但却未能检测交互影响条件、程度和水平，这还需要更为精准的调查设计和研究才能实现。

第二，风险认知、风险行为测量题目组的统计结果显示：受众在面对风险议题时，持有一种对政府和媒体矛盾的心理表征：一方面，他们出于安全和健康需求有了解和认知风险的主观意愿，也愿意通过政府和媒体来认知和了解风险（Q18、Q31），但另一方面，在风险传播中，他们对政府和传播的风险信息却存在相当的不信任和质疑（Q22、Q26、Q29）。那么，如何消除受众的这种矛盾心理，如何提高风险传播的效果，也是本研究有待进一步思考和解决的问题。

（四）结论与不足

该部分通过“风险传播与受众分层研究”的问卷调查统计与分析，验证并支持了本研究中的基本假设，即：

第一，在风险传播中，伴随受众所处的地理位置与风险及风险传播的空间越来越远，受众对风险及风险传播的关注度会下降，受众对风险信息的需求与风险所处的空间距离呈负相关关系。

第二，在风险传播中，伴随受众与风险及风险传播之间的知识区隔的增大，受众对风险信息的需求会降低，受众与风险知识的距离与受众对风险的态度呈负相关关系。

第三，在风险传播中，伴随受众对风险及风险传播的心理距离的增大，他们对风险信息的需求会降低，受众对风险传播的心理距离与风险传播的效果呈负相关关系。

综上所述，由于社会距离的存在，受众在风险传播中处于不同的位置，这种受众与风险传播之间远近不同的社会距离关系，影响了风险传播的效果，也影响了受众与风险议题之间互动的效果。因此，我们对受众在风险传播中的位置进行分层的尝试和探究，可以更好地了解不同层级的受众对风险传播的信息需求差异，进而进行有的放矢的传播策略和方式，以期缓解受众的风险恐慌、传达正确的风险观念。

但是，该调查还存在以下不足之处：

第一，问卷设计仍然存在不足：空间距离与风险传播的关系测量出现数据波动、知识区隔统计指标过于简单、心理距离的三个维度之间交互影响的条件和水平考量缺失等，这些都是需要在以后的研究中严格注意和改进的地方。

第二，由于该部分的调查属于验证性的定性研究，所以在数据统计与分析方法上偏于简单和直接，而未能达到量化研究的数据统计分析水准。虽然数据统计结果能够较好地验证研究假设，但是还需要在统计分析方法上做进一步的提升。

六　本章小结

在风险传播的社会语境中，受众与风险传播之间的关系受到空间距离、知识区隔和心理距离的现实影响；而受众对风险传播议题的关注与反应则与他们在风险传播中所处的位置及层级有关。本章主要采用随机抽样的调查方式，运用线上线下相结合的调查路径，对风险传播与受众的社会距离分层之间的现实关系展开调查。调查结果显示：在风险传播中，受众所处的地理空间位置与受众的风险信息需求呈负相关关系；受众和风险之间的知识区隔使其与风险传播的态度呈负相关关系；受众对风险传播的心理距离与风险传播的效果呈负相关关系。

总而言之，受众与风险传播之间存在的远近不同的社会距离关系，现实性地影响了受众对风险议题的态度、影响了风险传播的效果。关于风险传播与受众分层之间的现实距离关系的调查研究，将会对政府风险议题管理、风险传播提供现实的、积极的借鉴作用和价值。

第七章

风险冲突与受众的极化分层

公众对于那些不可控、不可知或者具有灾难潜力的风险感到恐惧，即使这些风险不可能发生，或者这些风险发生的概率很低、影响范围很小。但是，正是由于这种风险的不可控或者危害性后果的不确定，会给受众带来更为强烈的不安全感。风险冲突中，受风险危情外显化的刺激，媒介传播与交流迅速卷入，受众分层呈现极层化分布，而空间距离、知识区隔、心理距离在现实中总是以交互影响的形式存在于风险传播的论争与运动中。“邻避”（Not-In-My-Back-Yard，NIMBY）心理不仅反映了受众内心渴望远离风险的强烈期待（哪怕只是不在我家后院），邻避冲突更是受众在空间和心理的双重作用之下产生的、外显性的抵制和抗议风险威胁的具体行动。而风险传播的“若比邻”效应，则反映出在风险传播，尤其是互联网及其新媒体加入传播场域的助力下，风险威胁的存在冲破了空间距离的隔离和限制：即无论风险发生在多远的空间距离之外，都觉得风险就在身边。

同时，由于“邻避”与“若比邻”所包含的冲突性和社会公共性，媒介风险传播与信息流动又往往在冲突中发挥着至关重要的沟通交流作用，“多种形式的集体抗争行动，尤其是都市运动往往受到媒体关注和支持，被能动的传媒予以大量正面报道，而对抗争行动而言，他们则有可能通过媒介近用被传播赋权”①。

---

① 李艳红、杨梵：《文化资本、传播赋权与“艺术家”都市空间抗争：对J市艺术区拆迁集体维权行动的研究》，第十二届新世纪新闻舆论监督研讨会论文集，广州，2012年12月，第157页。

一　空间、知识和心理之间的交互影响

前文用大量的篇幅分别探讨了风险传播中空间距离、知识区隔和心理距离对受众关注风险、认知风险的影响机制，并以此为基础对受众在风险传播中的位置进行分层。这种单一维度的讨论可以让我们更集中、也更清晰地将每一个维度与风险传播及受众之间的距离关系及分层机制展开深入剖析。但是在现实中，风险传播语境是一个充满了各种危机、各种冲突和各种信息流的空间场域，我们很难简单地说是风险传播与受众的社会距离——空间范围、知识向度和心理表征——中的某一个因素对受众产生了单一维度的影响，即受众与风险传播的距离关系往往是这三者交错影响、互为表征的综合结果：空间距离和知识区隔都会对受众的心理距离产生影响，而受众也可能因为对风险的心理距离而产生超越空间和知识限制的外显性行为反应。

（一）空间距离与心理距离之间的互动关系

社会学家帕克认为距离有空间距离和心理距离两种，“这些将人们分开的距离不仅是空间上的，而且还是心理上的”①。帕克的论述反映了空间距离和心理距离的密切关系和相互影响，而且这种影响综合地表现为“接近一个客体或者疏远一个客体。如果认为这两种倾向不相关的话，那他们就是对一种情境的相互冲突的反应，接近的倾向为疏远的倾向而改变”②。不仅如此，空间距离的变化会影响心理距离的变化——例如地理空间的隔离可能导致社群交往的孤立，而孤立是指被疏远、被排除。在对解释水平理论展开的进一步研究中，心理学家们也发现了空间距离和时间距离对人们的解释水平有着类似的影响机制，“从心理距离的视角来看，人们会认为在空间距离上较远的事物，其发生概率也会降低，这就

---

① 卢国显：《中西方社会距离的研究综述》，《学海》2005 年第 5 期。

② 卢国显：《中西方社会距离的研究综述》，《学海》2005 年第 5 期。

从主观上弱化了人们对于该事物的判断，并可能降低了对事物的感知程度”①。所以，从理论上讲，人们对于客体的主观感知会伴随客观空间距离的增大而减弱，进而对客体的感知程度降低，解释水平也会随之变得模糊，其影响遵循“空间—心理—认知—解释”的心理发展过程。风险传播与受众之间的距离关系也存在着类似的作用机制。

在风险传播中，受空间距离的影响，受众关于风险及风险传播的心理距离会有明显的变化。在谢晓非以 SARS 为对象的风险认知研究中，实验数据显示：受众对风险信息的关注程度最强的两个层次分别为：“第一层为本地区的疫情情况，第二层为全国的疫情情况”②。也就是说，在某些确定的风险环境中，受众对风险传播的心理表征受空间距离的影响是最大的。同样的影响机制在“邻避”运动中也得到验证：绝大多数“邻避”运动都是因为空间距离因素导致的风险恐惧感对受众心理的强烈冲击而引发的。

同时，心理距离会对空间距离产生反作用。空间距离是不同位置之间的客观性存在，当然不会因为心理距离的变化而改变。但是在现实中，当受众对风险传播的议题和信息有着强烈的关注程度的时候，尤其是以互联网为基础的新媒体、自媒体对风险传播的推波助澜，使得空间隔离所产生的距离效应就会被减弱甚至消解。例如，当“山东疫苗事件”③ 引发的疫苗风险在网络自媒体中迅速传播发酵的时候，国内绝大多数地方的受众群体都表示出了对当地疫苗安全的焦虑和不安。我们将风险传播中这种由于心理的高度关注而打破空间隔离的现象称之为风险传播的“若比邻”效应，并在后面做详细的论述。

---

① Liberman N. , Trope Y. , Stephan E. , *Psychological Distance*, Social Psychology: Handbook of Basic Principles, 2007, p. 353 – 383.

② 谢晓非、王惠等：《SARS 危机中以受众为中心的风险沟通分析》，《应用心理学》2005 年第 11 期。

③ 山东疫苗事件：主要是指 2016 年 3 月，山东警方破获案值 5. 7 亿元非法疫苗案，非法主要是指疫苗未经严格冷链存储运输销往 24 个省市。但该事件由于澎湃新闻客户端题为《数亿元疫苗未冷藏流入 18 省份：或影响人命，山东广发协查函》的报道而在网络和新媒体传播（主要是微信朋友圈）中迅速发酵，不仅带动了各地“疫苗”相关报道大量涌现，更是引发了“疫苗”话题的大讨论，一时之间有关“非法疫苗”的案件变成了“假疫苗”“失效疫苗”“杀人疫苗”等各种谣言的传播，引发全国各地对“疫苗”的高度恐慌关注。

（二）知识区隔与心理距离之间的互动关系

我们曾在前文专门论述了作为科技进步伴生品的风险中也同样包含着高科专业知识和原理，正是这些高科专业的风险知识将受众阻隔在了科学认知风险的大门之外，受众也因此可能采取“以我为主”的、非科学的视角去观察、认知风险。谢晓非等的研究发现，“在风险问题的研究中，专家们必须采用准确的技术性方式来定义风险；而公众恰恰相反，他们可能只根据自身的经验和一些并非确切的信息来源，采用宽泛的非专业性的方法来规定风险”①。戴佳等的研究也认为，“缺乏专业知识的受众在进行风险判断时往往依靠更为快速简便和有效率的本能判断”②。不仅如此，面对风险传播时，受众主体对信息的突出关注点还会因为复杂情境的噪音增多、个体恐慌情绪主导等影响，加上长期对政府风险项目管理的不信任等因素，他们会将各种风险信息高度抽象化为自身所认为的负性的关注点，而不去关注风险本身的科学性和知识构成。具体来讲，知识的区隔主要通过以下两种方式影响受众对风险传播的心理距离。

第一，风险中内涵的专业知识体系和政府决策视角共同构筑了风险传播与受众之间心理对话的壁垒和障碍。如前所述，在风险传播中，风险自身所包含的高科专业知识只有少数的科学家可以掌握和了解，绝大多数处于“熟悉层”和“一般层”的受众往往很难真正理解风险的科学构架和原理；而正是这种专业知识的高度垄断在传播过程中放大了风险的“未知性”和“不确定性”。同时，风险项目安全性论证、可行性论证、何时何地建设和发展等专业落地于现实的问题，往往都是由政府、企业和相关专家共同决策和实施的，广大受众一方面很难有机会参与到这一论证过程中去，另一方面他们对风险“是否有危害”的关注点与政府企业等“安全性概率”的关注点相去甚远，正如科技记者黛博拉·布鲁姆的疑问：“你们说科学会使世界更完美，我们相信了。但你们看看今

---

① 谢晓非、徐连仓：《公众在风险认知中的偏差》，《心理学动态》1996 年第 4 期。

② 戴佳、曾繁旭等：《核恐慌阴影下的风险传播——基于信任建设视角的分析》，《新闻记者》2015 年第 4 期。

天的世界成了什么样子?”[①]这种受众应具有的知情权和参与权被隔离的现状，也再次放大了风险的社会恐慌——受众可能会认为，正是由于风险不可控的严重后果，导致了政府决策的不透明。正是从这个意义上，戴佳的研究认为，“专业知识的垄断及决策过程的封闭性仍然是构建正确的公众认知的障碍”[②]。所以，知识的区隔在垄断和封闭性的过程中被放大了，严重影响了受众对风险的心理表征。

第二，有争议的风险信息会引发受众更为强烈的心理恐慌和负面情绪。在风险传播的对话里，“专业观点和公众非专业观点之间出现日益加剧的差异与矛盾”[③]，这是因为专家和普通受众对风险往往持有不同的评价标准：专家更倾向于用严谨的低“事故率”、低“风险性”和高“社会回报”等数字来评判风险的可靠性和社会收益，而普通受众则往往用“风险一旦发生，就是致命性的后果”的价值体系来对待风险。甚至有些情况下，专家群体内部还会出现科学领域的矛盾性对话，这会加重受众的风险恐慌心理。以核风险为例，“核风险从来没有产生过一种单一定义——无论是科学的、媒体的还是政府的，一定程度上它一直是在风险定义的彼此竞争的关系中运作的。这些分析考虑了三个既相互关联又从分析上彼此独立的科学问题领域：技术统治论亚政治、对社会影响的媒介传递，以及动机的性本能经济。”[④]所以，我们所称的“核技术”并非一个确定的所指，它是对有关核风险定义的各种关系的一种总称，在对核风险定义的关系中，“专家之间彼此竞争和争议日渐清晰地显露出来”[⑤]。而风险认知是测量公众心理恐慌的指标之一，当专家之间的意见都存在如此的争议性的时候，受众更无法获得确定的风险知识和风险认

---

① ［英］斯图尔特·艾伦：《媒介、风险与科学》，陈开和译，北京大学出版社2014年版，第81页。

② 戴佳、曾繁旭等：《风险沟通中的专家依赖：以转基因技术报道为例》，《新闻与传播研究》2015年第5期。

③ 戴佳、曾繁旭等：《核恐慌阴影下的风险传播——基于信任建设视角的分析》，《新闻记者》2015年第4期。

④ ［英］芭芭拉·亚当、［德］乌尔里希·贝克等编著：《风险社会及其超越》，赵延东、马缨等译，北京出版社2005年版，第26页。

⑤ ［英］芭芭拉·亚当、［德］乌尔里希·贝克等编著：《风险社会及其超越》，赵延东、马缨等译，北京出版社2005年版，第26页。

知，势必引发更强烈的恐慌，“公众对某些缺乏了解的、包含高科技而难于被一般民众理解的事物会过高地估计其风险性的程度”[①]。类似的情形在转基因作物议题、PX 项目议题、新型冠状病毒议题等上都有反映。

同样地，受众对风险传播的心理距离也会影响其对风险信息和知识的态度和行为。这是人类对事物所持有的心理表征的现实反映。解释水平理论正是这种现象的有力解释，即当人们与客体之间的心理距离较远时，他们就对客体持有模糊的、抽象的高解释水平，这还进一步决定人们对客体的判断和决策。因此，当受众在心理上对风险传播作出模糊的评估时，大脑中对行为的刺激就是平淡的，对风险信息和知识也就会漠不关心；相反，当受众在心理上对风险反应出高度紧张的情绪时，就会刺激大脑主动去寻求有关风险的各类知识和信息以指导自身的风险态度和行为策略。

（三）交错的距离，看不清的风险

美国芝加哥学派创始人之一帕克认为，“社会距离是一种可以测量表现个人和一般社会关系的理解和亲密的程度和等级”，“个人或者群体中最为简单和最为根本的行为类型就是接近一个客体或者疏远一个客体”[②]。在风险语境中，受众与风险传播之间的社会距离同样地表现为亲近或疏远的程度和等级，这里的社会距离有空间的、知识的，也有心理表征的；更多的现实情景下，空间距离、知识区隔和心理距离之间呈现出一种交错互动的影响关系，也更增加了受众认知风险的难度。

首先，空间距离会同时影响受众对风险传播的心理距离和认知积极性，也会助力于风险的知识区隔。在有关解释水平理论的研究中，“Boroditsky 提出，空间距离是所有距离中最基本的”[③]，钟毅平和张志也通过实验证明，空间距离影响人们对事物的态度：空间距离越近，这种影响越显著。[④] 这或许因为，空间距离对个体的影响是最直观的。当空间

---

① 谢晓非、谢冬梅等：《SARS 危机中公众理性特征初探》，《管理评论》2003 年第 4 期。

② 卢国显：《中新房社会距离的研究综述》，《学海》2005 年第 5 期。

③ 祝帼豪、张积家等：《解释水平理论视角下的心理距离》，《社会心理科学》2012 年第 7 期。

④ 钟毅平、张志：《时空距离、特征类型对态度的影响》，《心理学探析》2011 年第 3 期。

距离增大时，受众与风险之间的相关性降低，一方面受众对风险信息关注的心理动力不足，对风险传播的态度也就不够积极；另一方面由于距离的增大，噪音和过滤器也相应地增多，这将导致受众在风险信息的可得性和完备性上存在差异，风险认知的难度大大提升了。进一步而言，受众积极性的下降和认知难度的提高，就会降低他们学习风险科技知识的动力，从另一个角度则可以说维持甚或增加了知识区隔的程度。綦甲福的研究印证了这一观点，“地理和空间上的遥远，文化共同点较少会产生距离感和陌生感。”① 所以，空间距离的变化既会影响受众对风险传播的积极性，也会影响他们对待风险知识和信息的态度和认知，即有关风险的心理表征。

其次，知识区隔的存在会影响受众对风险信息的心理加工，这种影响在空间距离中也有相应的反映。当风险知识专业性很强时，受众对信息的认知能力受阻，在对风险进行评估时无法真正地卷入到风险情境中去，心理加工过程也因此受到影响，这种情况下空间距离的变化无法介入和改变受众对风险的不确定和恐惧。而风险知识的壁垒越高，受众的理解难度越大，一旦他们陷入恐惧情绪就会越发强烈；当恐惧情绪大面积蔓延时，空间距离的区隔效应就会减弱甚至消失，后面将要论述的风险传播的“若比邻”效应即是这种情形。

再次，受众对风险传播的心理表征差异也会同时与空间距离、知识区隔发生交叉互动的影响。由于个体差异性的客观存在，每个受众对每个风险议题都会有千差万别的心理表征，而这种心理表征往往是受众长期积累的心理信息加工模式形成的结果。一旦受众对某一风险议题形成某种不可控的恐惧时，这种心理态度就会与空间距离、知识区隔共同作用，产生“1 +1 +1 >3”的负性风险认知，许多对风险项目进行抗议、甚至发生群体性运动的暴力事件就是这种交错复杂的距离导致的。在这些风险事件的传播场域，受众无法形成正确的风险认知，也无法产生认知风险的理性，进而引发因风险安全性争议而起的再生性社会风险。辗转于各地的 PX 项目系列抗议事件、2016 年 10 月西安市高陵区的垃圾焚

---

① 綦甲福：《人际距离的跨文化研究》，博士学位论文，北京外国语大学，2007 年，第 33 页。

烧厂抗议事件等各种邻避冲突的发生，几乎都是此类动力机制的结果。

因此我们不得不说，在现实中，受风险议题的特殊性、风险项目的空间性和风险事件的冲突性等多种因素的交错影响，受众对不同的风险及风险传播会产生不同的认知、情绪、态度和行为反应，交互错综的社会距离不仅复杂了风险和风险报道，也强烈地刺激着人们脆弱的心理，即使这种风险看不见摸不着，但又切切实实地于无形之中冲击着人们的生活。

二 受众两端极化分层：邻避冲突与风险抗争

邻避的概念来自国外。早在 1977 年，O'Hare 首次提出了“邻避”概念，并在当时一度成为美国民众的生活哲学。1980 年英国环境事务大臣尼古拉斯·雷德利认为，“邻避”就是“居民或当地单位因担心建设项目（如垃圾场、核电厂等邻避设施）对身体健康、环境质量和资产价值等带来诸多负面影响，从而激发人们的嫌恶情结，滋生‘不要建在我家后院’‘不在任何人家后院’的心理”①。关于“邻避”国内外学者衍生出许多的相关概念，总体而言这些概念可能包含了以下三种：“一是表示邻避对象的概念，如邻避设施、邻避项目、邻避工程、邻避企业、邻避工厂等；二是表示邻避态度或居民邻避心理的概念，如邻避情结、邻避症候（群）、邻避主义等；三是表示邻避行为或整个事件的概念，如邻避冲突、邻避运动、环境型群体性事件、邻避抗争、邻避效应等。”② 以上这些概念都是以“邻避”作为核心的，邻避对象导致了邻避心理乃至邻避的行为反应。本书对“邻避”的使用，首先，基于其邻避的对象：即带有风险性质的邻避设施、项目建设等，我们所熟知的核电站、PX 化工厂、垃圾焚烧厂等均属此类；其次，我们关于邻避的讨论，主要集中于高风险邻避项目建设引发民众的邻避心理（或情结）等，以及与此相关的冲突、

---

① O'Hare M., *Not on My Block You Don't: Facility Siting and the Strategic Importance of Compensatio*, Public Policy, 1977, pp. 407－458.

② 涂一荣、魏来：《“邻避”研究的概念谱系与理论逻辑》，《社会主义研究》2017 年第 2 期。

抗争等社会运动或群体性事件。

按照维特斯的观点，邻避情结实际上包括三个层面的含义：首先，它是一种全面拒绝的态度，因为人们会认为公共设施对自己的生存权和环境权存在较大危害；其次，强调修建公共设施的标准不在于社会的有益性或发展性，而在于环境的有害性；再次，它忽略有关公共设施建设中的科学知识和社会理性，是民众对公共设施有害性的一种心理表征——即情绪反应。[①] 由此可以看出，“邻避”冲突中包含着受众对与风险项目的激烈的心理表征（情绪），这种心理表征又通过对空间的、激烈的外显行动（冲突、运动）表现出来。

在邻避冲突中，与政府和企业抗争的主体，既是特定地理空间的民众，也是该风险议题信息流动和传播的受众。而基于邻避冲突勾连的媒介传播与受众，在社会距离的框架内，显示出了在场与不在场的两极分层。

（一）在场与不在场：空间维度中的风险传播与受众两极分化

修建邻避设施的决策往往来自政府部门，它“体现了自上而下的社会政治力量对空间组织与空间关系的重构，但其建设的地理区位却处在一个微观尺度上的城市空间”[②]。因为邻避设施是否可以落地而引发的邻避冲突则是“民众从微观尺度的地方意义出发，利用本地化的话语，对自上而下的空间权力进行抵抗的空间”[③]。大卫·哈维认为，“对邻避主义的理解和诠释取决于一定的历史和地理条件”[④]，所以，邻避冲突虽然是以公共设施修建与否为主体性的，但是其实质上反映了一种基于微观意义上空间距离的抗争。“邻避主义之‘邻’决定空间距离是相关争议的核

---

① 何艳玲：《“邻避冲突”及其解决：基于一次城市集体抗争的分析》，《公共管理研究》2006 年第 4 期。

② 杨槿：《“邻避主义”的特征及影响因素研究——以番禺垃圾焚烧发电厂为例》，《世界地理研究》2013 年第 3 期。

③ 杨槿：《“邻避主义”的特征及影响因素研究——以番禺垃圾焚烧发电厂为例》，《世界地理研究》2013 年第 3 期。

④ ［英］大卫·哈维：《资本的空间》，王志弘、王玥民译，群学出版有限公司 2010 年版。

心要素，关于邻避态度的另一研究方向则致力于检验‘接近性假说’。”[①]

在邻避冲突中，媒介不仅仅是风险信息、知识交流传播的平台，也是受众进行社会动员，并进而与政府、企业展开沟通和互动的不可或缺的中介。“大众传播，尤其是以互联网为代表的新媒体传播为环境公民的社会参与提供了公开性的表达渠道。”[②]邻避冲突的抗议主体，既是生活在邻避设施近空间距离的民众，也是风险传播场域内的受众。

首先，媒介的在场——无论是本地媒介、外地媒介还是基于网络传播的新媒体等，对邻避冲突都会投以必要的传播和参与。一方面，由于邻避冲突本身的空间接近性、事件矛盾性、议题的公共性以及民众的高度关注性等特点共同赋予其较高的新闻价值，使该冲突事件具有了进入新闻报道的必备素质，所以，当邻避冲突发生时，无论是本地媒介还是外地媒介均会对之投以相当的关注和报道。另一方面，在邻避冲突中，作为冲突的直接参与者，政府与资本联盟试图通过“冲突的私域化”来超越法律的规约，而弱势群体必然借助传播的力量通过“冲突的社会化”以增强话语权。[③]如果没有媒介对邻避设施风险的呈现与对风险议题的持续建构，邻避冲突将难以成为地区性乃至全国性的公共事件，厦门 PX 项目在各地的转战、迁址等就是一个现实案例。所以，在邻避冲突中，媒介始终是在场的，受众对欲知而未知的官方发布、对风险项目的最新进展、对抗争意愿的表达和传播等均离不开媒介的支援和参与。

其次，受众的在场——“受众与风险设施的空间距离是影响受众风险判断和权衡利益的基本因子”[④]。发端于社会心理学而在城市地理学中广泛存在的“邻里效应”，是指地方社会环境的特点可以影响人们的思想和行为的方式，而风险性邻避设施的负外部性决定了受众承担风险概率的高低与空间距离成反比例关系，即距离越近概率越高，反之则低。一

① 杨槿：《“邻避主义”的特征及影响因素研究——以番禺垃圾焚烧发电厂为例》，《世界地理研究》2013 年第 3 期。

② 郭小平：《“邻避冲突”中的新媒体、公民记者与环境公民社会的“善治”》，《国际新闻界》2013 年第 5 期。

③ 郭小平：《“邻避冲突”中的新媒体、公民记者与环境公民社会的“善治”》，《国际新闻界》2013 年第 5 期。

④ 杨槿：《“邻避主义”的特征及影响因素研究——以番禺垃圾焚烧发电厂为例》，《世界地理研究》2013 年第 3 期。

旦风险转化为现实的严重性后果时，这些受众受到的健康、环境和生命财产等的利益损害程度就越严重。所以，在城市空间尺度上，邻避设施的空间距离越近，受众的反对态度越强烈，这基本符合“接近性假说”，即在一定距离内的居民反对程度同与选址点的距离呈反比例关系，与邻避设施越近的居民反对越强。①因此，与风险性设施的空间距离的远近，是受众进行风险判断的最重要的因子。

再次，由于风险设施落地空间的确定性，受众与风险设施及风险传播之间空间距离由原来的层次性转变成两端极化分层——在场和不在场。基于邻避冲突的风险传播，有可能是本地媒介，也有可能是外地媒介，同时还有各种各样的网络媒介和自媒体的参与，它们共同形成该话题特定的风险传播场域。但是，对受众而言，风险设施落地的地理位置和他们日常生活的地理位置关系是相对稳定的——要么在场，要么不在场，这就导致了基于邻避冲突的风险传播中受众分层呈现出两极分化的现象：在场的受众，就是核心空间距离层的受众，他们不仅会主动关注各种各样的媒介传播，还会借助于媒介的平台表达自身的风险态度和情绪，甚至通过媒介完成邻避抗争的社会动员和跟进；不在场的受众，则是远空间距离层的受众，他们中除了少数新闻爱好者会关注邻避冲突的新闻报道外，对于邻避运动中的媒介沟通和交流缺乏内生性的动力。

在有关邻避冲突的风险传播中，受众形成了“核心空间距离层”和“远空间距离层”两端极化分层，“核心空间距离层”始终保持与风险传播的共同在场；而如此激烈的风险空间冲突和如此紧密的“传者—受众”共同在场，可能会导致受众对风险传播的情绪失控和知识失效。

（二）失控的情绪与失效的知识

从本质上讲，“邻避冲突”起因于特定地理空间内兴建的邻避设施，而这些邻避设施对所在空间有着严重的负外部性——即存在对生态环境、人体健康甚至是生命财产安全的严重的风险威胁，这一空间内的民众出于风险性邻避设施修建的抵制和抗议而与政府和企业之间形成冲突和对

---

① 杨槿：《“邻避主义”的特征及影响因素研究——以番禺垃圾焚烧发电厂为例》，《世界地理研究》2013 年第 3 期。

抗。邻避设施中包含了高科技相关的风险性公共设施，例如核电站、变电站、化工项目、垃圾焚烧厂等，这类高风险设施虽然具有较高的社会效益，但是其高科技术中包含的高风险以及可能带来的更为严重的危害后果是普通民众在心理上不愿、也无法承担的，因此会引起强烈的邻避冲突。所以，有研究认为，邻避冲突是民众对风险科技无知的、非理性的情绪化表现①，这些认知都建立在风险设施修建给民众带来的不公平感、相对剥夺感和无法抗拒的恐惧感。②

首先，邻避冲突中包含着受众对予风险项目的激烈的心理表征（情绪）——嫌恶、愤怒，而这些情绪，是建立在受众对于生命和健康最基本的需求之上的，这种需求更基础但是也更重要、更强烈。在风险传播中，受众的"认知理性主要受到两方面的挑战，一方面来自风险事件本身的特征，另一方面来自公众认知的局限"③。当受众面对的是充满高风险、知识壁垒的风险项目时，受众一方面会对主导性的负性情绪进行放大，另一方面也无法通过理性来平复这种情绪，再叠加上空间的近距离压迫，多方压力导致受众对这些邻避项目建设表现出负性情绪的快速发酵和失控。而失控情绪一旦产生，被非理性情绪支配的受众，一方面会表现出积极参与和运用风险传播的交流平台——学习、寻找甚至传播和发动各方媒介力量以实现组织社会动员、传播抗议主张的目标，这也可能散布、鼓动了更广泛的负性力量；另一方面受众可能受情绪影响而展开非理性的行为反应，亲身参与抗议运动，甚至常常导致群体性事件、暴力冲突事件的发生。

其次，一旦情绪失控导致邻避传播的迅速升温和邻避冲突的爆发，邻避项目风险中包含的科学理性和风险传播中蕴含的科学知识的效用就会消减甚至消失。几乎所有的风险邻避项目中都包含着科学上安全性的考量和设计，但是在对政府和专家缺乏基本信任的风险语境中，受基本

---

① Rabe Barry, *Beyond NIMBY: Hazardous Waste Siting in Canada and the United States*, Washington, D. C.: Brookings, 1994，转引自刘晶晶《国内外邻避现象研究综述》，《生产力研究》2013 年第 1 期。

② Morell D, "Siting and the Politics of Equity", *Hazardous Waste*, 1984, pp. 555 - 571，转引自刘晶晶《国内外邻避现象研究综述》，《生产力研究》2013 年第 1 期。

③ 谢晓非、郑蕊：《风险沟通与公众理性》，《心理科学进展》2003 年第 11 期。

“安全”需求的群体利益的刺激，一方面，风险的知识区隔会放大受众的抵触情绪，另一方面，受众持有的激烈的、非理性的情绪也会使他们在风险认知上模糊、甚至会有意忽略科学理性，“当利益相关人缺乏对公益性邻避设施的近期与远期后果的充分了解时，容易接受一些不准确或错误的概念，在主观上缩小邻避设施的正面效应，夸大其负面后果”①。

邻避冲突是集合了风险项目（设施）、风险传播、政府、企业和受众等共同在场和参与的、有关风险空间对抗的外显型社会事件。在邻避冲突中，风险传播与受众在空间距离、心理距离的维度上表现出显著的相关性和互动性，这不仅导致了风险知识和科学理性在风险传播中的失效，更导致了受众“在场—不在场”的两极分化，即“核心空间距离层”和“远空间距离层”。不言而喻，处于“核心空间距离层”的受众是这个特殊的风险传播场域中的目标受众群体，风险传播需要同时满足其风险信息需求和参与、沟通交流需求，打造风险传播的核心场域显得尤为适切和重要。

三 风险传播的“若比邻”效应与单极化受众

如果说“邻避冲突”中包含着风险传播在特定空间内与受众的沟通和互动，受众认为空间远离即可排除风险的话，“若比邻”效应则显示出传播使风险跨越了空间距离，受众无论身处何地，都会产生风险如影随形的恐惧感——风险就在身边。

当日本发生核泄漏事件时，实时的新闻报道既让受众看到了核泄漏发生发展的真实图景，但同时也让受众陷入“会不会遭受到核辐射威胁”的恐惧，中国与日本隔海相望，但多地受众也因受此新闻影响而陷入“抢盐”热潮；当山东疫苗事件在微信、微博上持续发酵、大众媒介迅速跟进并不断传播各地疫苗情况的最新消息时，受众一方面接收到快速、全面和实时各类新闻信息，但另一方面，受众无论是否在疫苗流入区域，仍对疫苗的安全性、对疫苗生产和运输的安全性、对适龄儿童注射疫苗的安全性都充满了各种不安和恐慌……

---

① 唐红林：《“邻避效应”问题根源及对策分析》，《人民论坛》2020 年第 10 期。

在风险社会与媒介化社会并存的现代社会，在网络及新媒体技术的助力之下，风险传播的无远弗届与瞬时快捷，让受众极易进入风险发生的拟态环境中，观察、感受甚至恐惧于风险，这就是我们所说的风险传播引发的“若比邻”效应。那么风险传播中这种“若比邻”效应如何产生？其发展机制如何？更重要的是当受众的“若比邻”心理产生时，该如何通过适切的媒介行为消减社会负面影响，如何引导受众躲避、消减风险恐惧呢？

（一）“若比邻”效应及其类型

当风险事件（如风险项目建设、风险危害出现、风险议题的群体性事件等）在一地发生后，媒介传播的风险信息不仅集中于该风险事件本身，其他空间区域的同一事件、同类事件也会作为背景或链接而进行新闻激活，被再次关注和传播，这些风险传播共同构建的信息流会不同程度引发非事件发生空间受众对风险的恐慌和对风险信息的强烈关注，产生“风险（可能）就在身边”的心理，即风险传播中的“若比邻”效应。“若比邻”效应主要有两种类型。

第一，同一风险事件传播的“若比邻”效应。即风险传播中的对象事实是一元主体的，但事件在不同地理空间同时或延时发生的可能性较高，从而引发受众产生广泛的“若比邻”恐惧情绪。例如2016年3月18日，因澎湃新闻客户端的一篇帖子《数亿元疫苗未冷藏流入18省份：或影响人命，山东广发协查函》，该文经微博、微信的转发迅速引起社会关注，各地的传统媒体、网络媒体、新媒体等都被迅速卷入。在有关“疫苗事件”风险信息的传播中，不仅有违法运输经营这一事实本身，传播过程中更是加入了疫苗的安全性讨论、疫苗经营与运输的合法性讨论、全国各地曾发生过的各种各样疫苗事件的回顾等。有关疫苗的报道伊始就传递了“影响人命”的极端负性信息而加剧了受众负性信息的主导情绪，再加上被激活的各类有关疫苗的负性新闻和报道，甚至还有各种经过嫁接和改造的虚假谣言，这些构成复杂的、负性能量满满的疫苗报道，都给受众带来了强烈的信息冲击和心理打击，受众普遍陷入“杀人疫苗可能就在身边”的恐慌之中。

第二，同类风险事件传播的“若比邻”效应。即风险传播中的对象事实是多元的，但是具有类似的性质或危害性，在不同地理空间以不同的物质或事实形态存在，从而引发受众对同类事件的“若比邻”恐慌效应。例如近年来频频发生的食品安全事故，地沟油、苏丹红、违法食品添加剂、含有甲醛的面条和蔬菜等，只要媒体报道出一件类似的食品安全事故，那么相关的其他地方的各种报道都会被迅速挖掘整理出来以吸引受众眼球，在新闻热点被打造出来引发广泛关注的同时，这种多面向叠加的、同类风险事件的报道共同引发受众产生了“食品安全风险无处不在”的恐慌心理，再次传递和强化了负性信息。

这是比较多见的风险传播引发的“若比邻”效应。“若比邻”效应的产生，往往是风险本身的性质、风险传播的助力和受众的恐慌心理表征等共同导致的结果。

（二）失效的空间与近距离的受众

受众会产生“邻避”情结并组织、参与邻避抗争，是因为风险性的设施在地理空间上与受众的接近性，邻避冲突反映了空间移动与风险威胁之间的关系和影响，也反映了受众在剧烈风险情景下基于空间距离的两极分化。但是，在风险传播“若比邻”效应中，空间及距离的意义变得无足轻重——因为风险无处不在，风险传播无处不在，受众无处不在。

首先，“若比邻”效应反映了风险在传播过程中被社会性地放大了。这里的放大，不仅指风险本身程度（风险的危害性）的放大，也指风险发生维度的放大——即风险发生空间范围的放大。风险事故的涟漪效应和信号理论都可以很好地解释有关风险信息的收集和传播对人们风险认知的干扰和影响。“风险的信号值反映了对事件所提供的新信息的认知，这些信息包括了相类似的事故发生的可能性或对于将来同样事故更大的破坏性等”①，而当有关风险信息（信号）通过各种媒介传播开去的时候，受风险事件性质、媒介传播的频次、民众对风险的认知及政治、文化等因素的影响（媒介传播的影响是最重要的），风险在传播过程中被社会性地“放大”了，就像投入水中的石头引起的水波涟漪——风险传播的快速扩张与蔓延、风险内容的急速膨胀与复杂化、风险社会关注度的

① 谢晓非、徐联仓：《公众在风险认知中的偏差》，《心理学动态》1996年第2期。

急剧升温等，经过媒介传播而扩充和放大的风险——无处不在的风险，让受众产生了“若比邻”的风险认知。

其次，“若比邻”效应反映了风险传播与受众之间空间距离的失效，受众出现单极化聚拢样态：受众无论是否身处风险发生的空间之内，都会产生同等的、甚至放大的对风险的恐惧和抵触情绪——风险传播到哪里，受众就在哪里，所有受众都处于空间距离的“核心层”，所有受众也都与风险传播保持最近的“核心关系”，而这些核心关系则主要地基于受众的心理距离。在受众看来，即使有的风险对空间的依附性并不强，空间的变动也不会影响风险所包含的负外部性；也就是说，在受众的心理层面，风险项目或风险危害不会因空间的移动而减轻其危害概率，也不会因空间的转变而降低其危害可能性；相反，这种危害性在任何空间都存在着同等的概率，一旦风险转化为现实的危害，对所有受众造成危害的严重程度也是同等的。风险传播的“若比邻”效应告诉我们：对受众而言，经由大众传媒和网络新媒体快速传播的风险信息无处不在，各处的空间都是风险传播的核心空间，每个受众也都将陷入如临风险的媒介构建的“核心关系层”之中。发端于广东、扩散至全国、引发全国范围社会恐慌的 SARS 事件、日本核泄漏导致从沿海至内地的抢盐事件等，均属此类。

四 放大的风险，提升的恐惧——“邻避”“若比邻”的动力机制

风险传播中因风险议题不同而使受众产生的“邻避”冲突和“若比邻”效应，这是风险自身性质、风险传播的社会化构建、受众的负性主导心理和政府、企业与受众之间失效的风险沟通等多种因素共同作用的结果，这一过程中既包含了风险的社会放大，也包含了空间距离在某些风险传播中效用的递减甚至消失；当然，二者更是从另一个侧面反映了风险构成的社会复杂性。“为了处理文明风险的问题，科学总是要放弃它们的实验逻辑的根基，而与商业、政治和伦理建立一夫多妻制的联系。”①

① ［德］乌尔里希·贝克：《风险社会》，何博闻译，译林出版社 2004 年版，第 29 页。

首先，风险自身内含的危害性后果的概率和程度，是“邻避”冲突和“若比邻”效应产生的本质动因，虽然这些指标常常不是受众判断风险威胁性的有效指标。“在风险社会中，不明的和无法预料的后果成为历史和社会的主宰力量。”① 什么是风险控制的必然、假设的必然以及被改变的必然？人们在哪里、如何拒绝不愿接受的风险威胁？“风险不断增加的复杂性既带来了对更为复杂而且更为精确的计算的要求，同时也导致了这种计算的不可能性。”② 风险科学在这些问题上，往往很难给出确定的结论，而只是宣称将风险后果控制在一个所谓的安全值域之内。所以，对受众而言，无论是就在自己身边的风险性邻避设施，还是空间遥远但威胁依然存在的风险，虽然他们更多看到的是经由媒介构建的风险的虚拟环境，及仅存在于想象空间的、风险可能发生的严重后果，但这些风险自身所具有威胁性和危险信息总是强烈地激起他们深度的不安和恐惧，感觉风险就在身边。

其次，风险传播的社会建构性，尤其是网络新媒体的助力，产生了风险的“社会放大”，是“邻避”冲突和“若比邻”效应的直接动因。福克特和迈克尔的研究关注风险报道背后的议程设定与风险定义的权力关系，强调风险报道是“一种危险的社会建构”，媒体可以通过对议题设定权力的掌控获得话语权和相当的社会影响力。③ 曾繁旭通过研究指出，“传统媒体、新媒体以及专家和意见领袖的意见争夺决定了风险的信息过程”，信息过程中“大量有争议的信息流，调动了受众的‘潜在恐惧’”，这些因素的综合反映不仅造成受众的信任下降，还导致“技术风险被执拗地高估”④，进而风险被不断地、社会性地放大。可以看到，现代媒介技术和新媒体的飞速发展，为风险信息的再传播提供了有力的支持，而这种风险信息再传播的过程中又加入了更多非专业的、风险恐慌情绪扩

---

① ［德］乌尔里希·贝克：《风险社会》，何博闻译，译林出版社 2004 年版，第 20 页。

② ［英］芭芭拉·亚当、［德］乌尔里希·贝克等编著：《风险社会及其超越》，赵延东、马缨等译，北京出版社 2005 年版，第 19 页。

③ 郭小平：《风险社会的媒体传播研究：社会建构论的视角》，学习出版社 2013 年版，第 5 页。

④ 曾繁旭、戴佳等：《技术风险 VS 感知风险：传播过程与风险的社会放大》，《现代传播》2015 年第 3 期。

散的煽动力量。因此，无论风险置身何处，在风险传播中，大众媒介定义和建构风险，网络和新媒体传播蛊惑风险，风险传播不仅从数量上、报道内容和角度上以及对风险海量叠加的媒介关注度上等都社会性地放大了风险；身处风险信息无可辨别的海洋中，受众也会产生风险就在身边的风险恐慌感。

再次，受众对风险传播的心理表征是“邻避”冲突和“若比邻”效应产生的主体性动因。风险传播的对象是目标受众，风险传播的最终效果，取决于受众对风险信息最终形成的认知和行为反应。在传统媒体、新媒体、自媒体和各种人际传播共同搭建的风险传播语境中，受众个体特征、兴趣爱好以及对风险的态度等最终决定是否会对风险传播产生刺激性反应。高频次、多渠道的风险传播不仅放大了风险，也同样扩大了风险在受众面前的暴露频率和信息量，受众对风险的关注度主动或被动地快速提升，从而产生“邻避”冲突、“若比邻”效应，这些都是受众因风险传播的刺激所导致的激烈的心理表征在现实中的行动反应。

最后，政府、企业的风险沟通失效是“邻避”冲突和“若比邻”效应的刺激性动因。SARS 恐慌、反 PX 项目、反核、疫苗事件发酵等重大风险事件的频频爆发，都反映了受众对政府、企业风险管理的不信任，反映了政府、企业在风险传播中沟通的失败。在风险沟通中，政府和企业往往借助媒介传播对受众进行风险技术科普和宣传，采用自上而下的单向信息灌输，以期消除受众的风险抗议和恐惧。但是，“在信任缺失的情况下，技术风险评估只会更加助长公众的不信任”，进而导致“技术性风险评估与民众的风险感知之间并不存在显著的一致性”①。所以，科学技术的可控性解决不了受众对风险管理者风险操控能力的不信任，风险技术的可控性与政府、企业风险管理的可靠性之间存在着严重的差距，越是政府和企业主张可靠的，受众越是认为不安全并进行反对和抗议。政府和企业风险沟通的失效，成为受众感到风险就在身边的刺激性动因。

现实社会中的风险和风险冲突，总是存在于一定的空间位置之中，它们也总是社会性地经由媒介传播到达受众。然而，不同性质风险在危

---

① Douglas, M., *Risk Acceptability According to the Social Sciences*, London: Russell Sage Foundation, 1986, p. 92.

害性后果上也表现出不同的空间影响范围，风险传播将这种影响社会性地放大了，“邻避”冲突、“若比邻”效应都反映了风险传播在空间影响上与受众之间不同的呼应关系，但最终难题却在于，他们都需要共同面对和解决最终失效的风险传播。本书从距离的角度来考察风险传播失效的表现和机制，并观察因此导致的受众两极分化和单极聚拢，而问题的解决还需要做进一步的深入探究。

五 本章小结

基于对空间距离、知识区隔和心理距离互动关系的论述，本章从空间距离的视角介入“邻避”冲突并对受众展开两端极化分层，提出风险传播的“若比邻”效应并分析受众的单极化聚拢，是本章的核心论证内容。

风险传播是一个因风险、政府、媒介、企业、受众等多方存在利益、价值观等之间冲突而充满斗争的场域，因此，受众与风险传播之间的空间距离、知识区隔和心理距离并非单一性地发生作用，它们往往以交错互动的机制彼此影响、彼此牵制，这不仅提升了距离分析的难度，更提升了受众认知风险的难度。

在对风险项目进行抗争的“邻避”冲突中，风险传播和受众对冲突的关注度和参与度均表现在空间距离的维度上；在邻避冲突的风险传播抗争中，受众呈现出“在场—不在场”的两极分化，空间意义的上升及紧张导致了受众情绪的失控和风险知识意义的下降。而“若比邻”效应则反映了风险传播引致的受众感到“风险就在身边”心理表征，这包含了同一事件和同类事件两种类型的“若比邻”效应；在风险传播的“若比邻”效应中，受风险传播构建的风险无处不在的拟态环境的影响，受众均处于风险传播的“核心空间”，空间距离的意义消减乃至消失。

无论是风险传播中的“邻避”冲突，还是“若比邻”效应，都有着类似的动力机制，它们都是由风险自身的性质、风险传播的社会构建尤其是新媒体传播的助力、受众对风险传播的心理表征和政府、企业等风险沟通的失效等共同导致而发生的；但更重要的是透过“邻避”冲突和“若比邻”效应，我们找到了从空间距离介入解剖风险传播和受众的距离关系的入口，看到了受众与风险传播之间基于空间、但又不仅仅只关涉空间的距离勾连，同时复杂地反映了知识区隔的放大、心理距离的聚焦等，将受众与风险传播之间交错互动的距离关系生动地展现在我们面前，并在受众的极化分层过程中清晰地呈现出风险传播的要点所在。

第八章

结　语

一　研究结论

“风险传播与受众分层论”主要运用理论探讨、调查辅助的路径对风险传播及其受众之间的、层级化的社会距离关系展开讨论和剖析。全书从受众与风险传播的关系视角切入，以“社会距离”为统领，遵循“客观外在—本质内在—主体决定”的逻辑顺序，以“空间距离—知识区隔—心理距离”为讨论维度和主要线索，分别地、深入地对受众与风险传播的距离关系展开论证和分析。

第一，构建了风险传播与受众的关系模型。通过对社会距离理论和解释水平理论的分析，结合风险传播的现实情境，本书认为：以“社会距离”概念为统领、以空间距离、知识区隔和心理距离为讨论维度，对风险传播中的受众进行分层，具有理论的合法性和现实的对应性。在此基础上，研究从关系的视角介入，考察风险传播与受众的位置差异和变化规律，并以此构建了风险传播与受众的关系模型：风险传播是一个由中心向外扩散、传递风险信息的场域，受众则因各种因素的影响和制约而分散在与核心信息区域远近不同的层级位置上，当受众个体在风险传播的场域中产生移动时，他们与风险传播的社会距离就会发生相应的改变，其信息需求也会发生变化。

第二，创建了社会距离视角的受众分层理论体系和框架。通过对社会距离包含的距离类型和解释水平理论中的四个维度的深入剖析，结合受众与风险传播之间的关系规律，创建了风险传播与受众分层的理论框架，主要地包含了“社会距离”统领之下的三个维度和三个层级：“三个维度”指风险传播中受众分层的空间距离、知识区隔和心理距离三个论证视角；“三个层级”指在每一个具体维度的论证中，我们都借鉴了齐美尔对社会距离的“三分法”，依据受众与风险传播的距离关系将受众主要分为近距离、中距离和远距离三个层级。

第三，论证了受众与风险传播之间距离关系变化的规律，从不同维度对风险传播中的受众进行分层，并对受众与风险传播之间的社会距离关系展开调查研究。本书通过对受众与风险传播关系的深入调查、分析和论证认为：在风险传播场域中，受众对风险传播的关注和反应与他们在风险社会中所处的层级有关：受众所处的层级与风险传播距离越近，他们对风险议题的关注和信息需求越高；受众所处的层级与风险传播距离越远，他们对风险议题的关注和信息需求越低。在空间距离的维度下，将受众主要分为“核心空间距离层”“次核心空间距离层”和“远空间距离层”；在知识区隔维度下，将受众主要分为“精通型”受众层、“熟悉型”受众层和“一般型”受众层；在心理距离维度下，将受众主要分为“核心关系层”“次核心关系层”“外围关系层”。处于不同层级的受众有着不同的群体构成、群体特征和群体信息需求特点。

第四，提出了有的放矢的风险传播策略体系。本书通过对空间距离、知识区隔和心理距离维度下的受众分别分层和信息需求特点分析的前提下，论证了不同维度下应关注不同层级重点受众的信息需求，进而提出了三维议题的风险传播策略。在空间距离的维度下，应遵循“打造风险信息核心场域，防止‘墙里开花墙外臭’”“周边媒体适切报道，防止过度围观”和“外围媒体客观选择，防止谣言传布”的风险传播策略；在知识区隔的维度下，应遵循“立足风险科学，但力求科技信源多元化”“转换科学语言，增进受众理解”和“提倡民主范式，提升交流互信”的风险传播策略；在心理距离的维度下，应遵循“正负信息均衡构架，预防信息对抗矛盾”“尊重受众‘求安’立场，消除信息期待偏差”和“‘科学宣传+利益信息共享’，争获受众心理认可”的传播策略。

第五，探索了激烈风险传播情境下的受众极化分层现象。在风险传播的现实场景中，不仅有“不要在我家后院”的邻避情结引发的“邻避冲突”，还有因风险传播强烈刺激而产生的风险无处不在的“若比邻”效应。“邻避冲突”导致了受众的两端极化分层，而“若比邻”效应则引发受众的单极化聚拢。受众的极化分层，虽然是基于空间的抗争，且具有鲜明的空间聚合与空间扩张特征，但同时也包含了知识区隔、心理距离的交错影响，三者的交互作用导致了风险的社会放大和受众风险恐惧的蔓延。

二 进一步探讨的可能

“风险传播与受众分层论”，从社会距离理论和解释水平理论出发，构建了风险传播中受众分层的理论框架和体系，对风险传播中的受众用“受众分层”的方式进行了系统、深入和清晰的剖析和讨论，并提出了具有现实针对性的风险传播策略体系。在此基础上，我们仍期待进一步地思考：本研究对受众的研究框架和方法是否有拓展的可能和意义？在研究和分析的过程中，是否还有其他可供探索和展开的议题？这都是我们或可进一步思考和探讨的方向。

第一，研究框架和体系推广应用的可能性。风险传播与受众分层论的研究对象限于风险传播议题下的受众，从受众与议题的距离关系密切程度对受众进行分层，那么对受众的这种分层方法和理论框架是否能够推广到其他性质议题的研究领域，例如危机传播、灾难传播、健康传播和环境传播等？从议题来看，这些议题与风险传播有一定相似性，或可用这种方法对其受众研究进行尝试，抑或可以根据议题对框架进行相应的调整以实现推广应用的可能性。

第二，传播策略实际应用的可能性。本书主要从理论研究的角度对风险传播中的受众进行分层和剖析，并提出了相应的风险传播策略；而现实的风险传播议题是多变的，场景也是非常复杂的，理论上的传播策略如何在现实媒介风险报道中落地和应用，也有待于进一步的思考。总体而言，这些传播策略主要偏向于传播理念的角度，而在现实中则需根据具体的风险议题特征和风险项目地理空间文化、受众主要特征等相结合，才能制定出切实可行的传播方案。

第三，量化论证进一步深入的可能性。如书中提到的，社会距离理论和解释水平理论都有着科学、成熟的量化考察体系和方法，而受众研究也有量化论证的传统，本书虽在理论思辨的基础上，对风险传播与受众之间的距离关系展开了一定的调查研究和分析，实现了最初的研究设想，但仍期冀未来可以通过实验、量化研究等方法对“风险传播中的受众分层”体系进行更为深入、系统的测量和论证。

第四，距离间交互论证仍有不足。风险传播是一个各方力量参与、竞合、斗争的错综复杂的现实语境，空间距离、知识区隔和心理距离在现实中不可能单一地发挥作用，往往是他们紧密地交织在一起而影响着受众的风险认知和判断，甚至还有其他各种因素的刺激和影响。本书虽然对距离间的交互影响做了一定的论证和阐述，但是与复杂现实相比还存在很大的不足。这也是本研究下一步可探索的研究方向。

第五，风险冲突和受众极化分层仍需深挖。现实世界中的风险冲突往往裹挟着海量的、错综复杂的风险传播网络和信息，风险冲突及其导致的受众的极化分层是受众与风险传播之间剧烈的、错综复杂的距离关系互相作用的现实结果和表征，是风险传播失效的集中表现，也是容易引起风险群体性事件的高发区。但是，受本书“受众分层”主题所限，我们对“邻避冲突”和“若比邻”效应的分析仅仅主要从空间距离的维度展开，简单提及知识区隔和受众心理，这对于激烈的风险冲突现实来说是远远不够的，还需要我们未来开展对其更全面的深挖式研究。

回望来路，勿忘初心。“风险传播与受众分层论”最原始的初衷是对风险传播场域中的“人”——即受众给予重要的、全面的和深度的关怀。在研究过程中，我们始终坚持以受众为研究的思想核心，始终坚持观察受众与风险传播之间的关系和交流状况，以回归彼得斯对传播研究的本质认定，“审视人的某一种根本的交流状况”；我们期望提升受众在风险传播现实中的弱势地位，期望从理论的视角系统地考察风险传播中的受众样态和分布，期望通过对受众与风险传播之间距离关系的考察真正了解受众的交流渴望和需求；在此基础上，我们谨记：科学研究对受众所有关注的终极目标是要解决风险传播这个特殊场域中传播效率的提升，即在系统分析受众的过程中，在对受众展开分层和讨论的过程中，在了解受众风险信息需求的过程中，最终满足受众的风险信息期待和交流，最终消减受众的风险恐惧和情绪，最终实现风险传播和受众之间和谐的、有效的和良性的距离互动关系，最终实现受众和风险传播之间在“相互认同和交换意图”上的完美达成。

参考文献

中文专著

陈崇山、弥秀玲：《中国传播效果透视》，沈阳出版社1989年版。

陈建国：《时间—空间飞船：相对论的哲学问题》，地质出版社1999年版。

陈卫星：《传播的观念》，人民出版社2004年版。

成伯清：《格奥尔格·齐美尔：现代性的诊断》，杭州大学出版社1999年版。

仇立平：《社会研究方法》，重庆大学出版社2008年版。

崔德华：《风险社会理论与我国社会主义和谐社会构建研究》，山东大学出版社2013年版。

风笑天：《社会研究方法（第四版）》，中国人民大学出版社2013年版。

傅小兰主编：《情绪心理学》，华东师范大学出版社2015年版。

郭庆光：《传播学教程》，中国人民大学出版社2011年版。

郭小平：《风险社会的媒体传播研究：社会建构论的视角》，学习出版社2013年版。

贾英健等：《风险社会的人学研究》，黑龙江人民出版社2009年版。

李春雷：《风险社会视阈下的媒介文化研究》，中国社会科学出版社2012年版。

李良荣：《新闻学导论》，高等教育出版社1999年版。

李强：《社会分层十讲》，社会科学文献出版社2008年版。

李铮：《心理学新论》，高等教育出版社2001年版。

林丹：《乌尔里希·贝克风险社会理论及其对中国的影响》，人民出版社

2013 年版。
刘岩：《风险社会理论新探》，中国社会科学出版社 2008 年版。
卢国显：《农民工：社会距离与制度分析》，社会科学文献出版社 2010 年版。
米丹：《风险社会与反思性科技价值体系》，中国社会科学出版社 2013 年版。
潘玉君、武友德：《地理科学导论》，科学出版社 2009 年版。
钱亚梅：《风险社会的责任分配初探》，复旦大学出版社 2014 年版。
时蓉华：《社会心理学》，浙江教育出版社 1998 年版。
孙江：《空间生产——从马克思到当代》，人民出版社 2008 年版。
童清艳：《超越媒介——揭开媒介影响受众的面纱》，中国广播电视出版社 2002 年版。
童清艳：《受众研究》，上海交通大学出版社 2013 年版。
薛晓源、周战超：《全球化与风险社会》，社会科学文献出版社 2005 年版。
杨雪冬：《风险社会与秩序重建》，社会科学文献出版社 2006 年版。
臧海群、张晨阳：《受众学说：多维学术视野的关照与启迪》，复旦大学出版社 2007 年版。
曾繁旭、戴佳：《风险传播：通往社会信任之路》，清华大学出版社 2015 年版。
张开：《媒介素养概论》，中国传媒大学出版社 2006 年版。
张燕：《风险社会与网络传播》，社会科学文献出版社 2014 年版。
周敏：《阐释·流动·想象：风险社会下的信息流动与传播管理》，北京大学出版社 2014 年版。

译著

［美］爱德华·W. 苏贾：《后现代地理学 ：重申批判社会理论中的空间》，王文斌译，商务印书馆 2004 年版。
［英］安东尼·吉登斯：《现代性的后果》，田禾译，南京译林出版社 2000 年版。
［美］安妮塔·伍尔福克：《伍尔福克教育心理学》，伍新春等译，中国人

民大学出版社 2015 年版。

［英］奥利弗·博伊德·巴雷特等编：《媒介研究的进路：经典文献读本》，汪凯等译，新华出版社 2004 年版。

［英］芭芭拉·亚当、［德］乌尔里希·贝克等编著：《风险社会及其超越》，赵延东、马缨等译，北京出版社 2005 年版。

［古希腊］柏拉图：《理想国》，张竹明译，译林出版社 2009 年版。

［美］彼得斯：《交流的无奈：传播思想史》，何道宽译，华夏出版社 2003 年版。

［英］彼得·泰勒·顾柏、［德］詹斯·O. 金编著：《社会科学中的风险研究》，黄觉译，中国劳动社会保障出版社 2010 年版。

［英］大卫·丹尼：《风险与社会》，马缨、王嵩等译，北京出版社 2009 年版。

［英］大卫·哈维：《资本的空间：批判地理学刍论》，王志弘、王玥民译，群学出版有限公司 2010 年版。

［美］大卫·克罗图、威廉·霍伊尼斯：《媒介·社会——产业、形象与受众》，北京大学出版社 2009 年版。

［英］戴维·莫利：《电视、受众与文化研究》，史安斌主译，新华出版社 2005 年版。

［英］丹尼斯·麦奎尔：《受众分析》，刘燕南、李颖、杨振荣译，中国人民大学出版社 2006 年版。

［法］多米尼克·吴尔敦：《信息不等于传播》，宋嘉宁译，中国传媒大学出版社 2012 年版。

［美］弗兰克·富里迪：《恐惧》，方军、张淑文、吕静莲译，江苏人民出版社 2005 年版。

［德］盖奥尔格·西美尔：《社会学：关于社会化形式的研究》，林荣远译，华夏出版社 2002 年版。

［美］亨利·戴维·梭罗：《瓦尔登湖》，徐迟译，上海译文出版社 1982 年版。

［法］加布里埃尔·塔尔德：《模仿律》，何道宽译，中国人民大学出版社 2008 年版。

［英］卡伦·罗斯、［澳］弗吉尼亚·奈廷格尔：《媒介与受众：新观点

（英文版）》，北京大学出版社 2006 年版。

［美］库利：《人类本性与社会秩序（英文版）》，中国传媒大学出版社 2016 年版。

［美］劳伦斯·纽曼：《社会研究方法：定性和定量的取向（第五版）》，郝大海译，中国人民大学出版社 2007 年版。

［美］刘易斯·A. 科瑟：《社会学思想名家》，石人译，中国社会科学出版社 1990 年版。

［美］罗伯特·戴维·萨克：《社会思想中的空间观 ：一种地理学的视角》，黄春芳译，北京师范大学出版社 2010 年版。

［英］罗杰·迪金森、拉马斯瓦米·哈里德拉纳斯、奥尔加·林耐编：《受众研究读本》，单波译，华夏出版社 2006 年版。

［德］迈诺尔夫·迪尔克斯等主编：《在理解与依赖之间：公众、科学与技术》，田松等译，北京理工大学出版社 2006 年版。

［美］曼纽尔·卡斯特：《网络社会的崛起》，社会科学出版社 2003 年版。

［英］尼克·皮金、［美］罗杰·E. 卡斯帕森、保罗·斯洛维奇编著：《风险的社会放大》，谭宏凯译，中国劳动社会保障出版社 2010 年版。

［美］斯坦利·巴兰、丹尼斯·戴维斯：《大众传播理论：基础、争鸣与未来（第五版）》，曹书乐译，清华大学出版社 2014 年版。

［英］斯图尔特·艾伦：《媒介、风险与科学》，陈开和译，北京大学出版社 2014 年版。

［美］托马斯·吉洛维奇等：《社会心理学》，侯玉波等译，中国轻工业出版社 2016 年版。

［德］乌尔里希·贝克：《风险社会》，何博闻译，译林出版社 2004 年版。

［德］乌尔里希·贝克：《世界风险社会》，吴英姿、孙淑敏译，南京大学出版社 2004 年版。

［德］乌尔里希·贝克：《自由与资本主义——与著名社会学家乌尔里希·贝克的对话》，路国林译，浙江人民出版社 2001 年版。

［德］乌尔利希·贝克：《风险社会——通往另一个现代的路上》，汪浩译，台北巨流图书公司 2003 年版。

［美］谢茨施耐德：《半主权的人民：一个现实主义者眼中的美国民主》，任军锋译，天津人民出版社 2000 年版。

［英］谢尔顿·克里姆斯基、多米尼克·戈尔丁编著：《风险的社会理论学说》，徐元玲，孟毓焕等译，北京出版社 2005 年版。

［英］约翰·塔洛克：《电视受众研究——文化理论与方法》，严忠志译，商务印书馆 2004 年版。

［美］约书亚·梅罗维茨：《消失的地域：电子媒介对社会行为的影响》，肖志军译，清华大学出版社 2002 年版。

［美］珍妮·X. 卡斯帕森、罗杰·E. 卡斯帕森编著：《风险的社会视野：风险分析、合作以及风险全球化》，李楠、何欢译，中国劳动社会保障出版社 2010 年版。

学术论文

［丹麦］施蒂格·夏瓦：《媒介化：社会变迁中媒介的角色》，刘君、范伊馨译，《山西大学学报》（哲学社会科学版）2015 年第 9 期。

［英］斯科特·拉什：《风险社会与风险文化》，王武龙编译，《马克思主义与现实》2002 年第 4 期。

［德］乌尔里希·贝克：《从工业社会到风险社会——关于人类生存、社会结构和生态启蒙等问题的思考（上、下）》，王武龙编译，《马克思主义与现实》2003 年第 3 期、第 5 期。

卞转转：《风险议题的报道范式研究——以转基因食品报道为例》，硕士学位论文，安徽大学，2015 年。

蔡启恩：《谈政府和传媒在风险传播中的作用——以粤港跨境污染为例》，《国际新闻界》2005 年第 3 期。

陈家刚：《风险社会与协商民主》，《马克思主义与现实》2006 年第 3 期。

陈盛兰：《中国社会风险的症结、应对与传媒责任——从风险文化视角予以考量》，《中共福建省委党校学报》2013 年第 10 期。

陈剩勇、杜洁：《互联网公共论坛：政治参与和协商民主的兴起》，《浙江大学学报》（人文社会科学版）2005 年第 3 期。

陈璇：《风险社会与美国的转基因纷争》，《读书》2007 年第 2 期。

成伯清：《“风险社会”视角下的社会问题》，《南京大学学报》2007 年第 2 期。

程士安：《分众化媒体与精细化分层的受众》，《广告大观》2006 年第

1 期。

仇立平：《职业地位：社会分层的指示器——上海社会结构与社会分层研究》，《社会学研究》2001 年第 3 期。

戴佳，曾繁旭，黄硕：《核恐慌阴影下的风险传播——基于信任建设视角的分析》，《新闻记者》2015 年第 4 期。

戴佳、曾繁旭、郭倩：《风险沟通中的专家依赖：以转基因技术报道为例》，《新闻与传播研究》2015 年第 5 期。

戴宇辰：《走向媒介中心的社会本体论——对欧洲“媒介化学派”的一个批判性考察》，《新闻与传播研究》2016 年第 5 期。

单波：《评西方受众理论》，《国外社会科学》2002 年第 1 期。

丁奇芳：《心理距离和情绪调节策略对风险决策的影响》，硕士学位论文，南京大学，2013 年。

董媛媛：《深度报道的媒介分层现象》，《新闻爱好者》2010 年第 3 期。

杜建华：《风险传播悖论与平衡报道追求——基于媒介生态视角的考察》，《当代传播》2012 年第 1 期。

段锦云、朱月龙等：《心理距离对风险决策框架效应的影响》，《心理科学》2013 年第 6 期。

郭小平：《“邻避冲突”中的新媒体、公民记者与环境公民社会的“善治”》，《国际新闻界》2013 年第 5 期。

郭小平：《“怒江事件”中的风险传播与决策民主》，《国际新闻界》2007 年第 2 期。

郭小平：《风险传播的“公共新闻学”取向》，《兰州学刊》2008 年第 8 期。

郭小平：《风险传播的悖论——论“风险社会”视域下的新闻报道》，《江淮论坛》2006 年第 2 期。

郭小平：《风险传播视域的媒介素养教育》，《国际新闻界》2008 年第 8 期。

郭小平：《风险传播研究的范式转换》，中国传播学论坛，深圳，2006 年 8 月，第 102 页。

郭小平：《风险传播与危机传播的研究辨析》，《媒体时代》2013 年第 2 期。

郭小平：《风险沟通中环境 NGO 的媒介呈现及其民主意涵》，《武汉理工大学学报》（社会科学版）2008 年第 5 期。

郭小平：《论“风险社会”危机的跨文化传播》，《国际新闻界》2006 年第 3 期。

郭小平：《论传媒对受众“风险认知”的建构》，《大众传媒》2007 年第 2 期。

何艳玲：《“邻避冲突”及其解决：基于一次城市集体抗争的分析》，《公共管理研究》2006 年第 4 期。

黄斌：《当代中国媒介分层研究》，硕士学位论文，华中师范大学，2006 年。

黄河、刘琳琳：《风险沟通如何做到以受众为中心——兼论风险沟通的演进和受众角色的变化》，《国际新闻界》2015 年第 6 期。

黄月琴：《风险传播、政治沟通与公共决策的变迁——对两个石化项目迁址案例的分析》，《当代传播》2011 年第 6 期。

贾鹤鹏、苗伟山：《科学传播、风险传播与健康传播的理论溯源及其对中国传播学研究的启示》，《国际新闻界》2017 年第 6 期。

姜海：《城市空间信息的传播之维——基于框架媒介的传播学分析》，《西南大学学报》（社会科学版）2014 年第 11 期。

金英：《从受众分层看古籍整理的新趋势》，《中华读书报》2006 年第 11 期。

李彬、关琮严：《空间媒介化与媒介空间化——论媒介进化及其研究的空间转向》，《国际新闻界》2012 年第 5 期。

李春雷、凌国卿：《风险再造：新媒体对突发性事件的报道框架分析》，《新闻界》2013 年第 8 期。

李蕾蕾：《媒介——空间辩证法：创意城市理论新解》，《人文地理》2012 年第 4 期。

李明娟：《媒介融合语境下的受众细分》，《新闻知识》2011 年第 9 期。

李明颖：《科技民主化的风险沟通：从毒奶粉事件看网络公众对科技风险的理解》，《传播与社会学刊》2010 年第 15 期。

李艳红、杨梵：《文化资本、传播赋权与“艺术家”都市空间抗争：对 J 市艺术区拆迁集体维权行动的研究》，第十二届新世纪新闻舆论监督研讨会论文集，广州，2012 年 12 月，第 157 页。
李雁晨、周庭锐等：《 解释水平理论：从时间距离到心理距离》，《心理科学进展》2009 年第 4 期。
林爱珺、吴转转：《风险沟通研究述评》，《现代传播》2011 年第 3 期。
刘洁：《马克思“用时间去消灭空间”：溯源及新闻传播学扩散》，《国际新闻界》2010 年第 9 期。
刘洁：《媒介产业地方保护与地方政府》，《新闻大学》2006 年第 1 期。
刘晶晶：《国内外邻避现象研究综述》，《生产力研究》2013 年第 1 期。
刘立娟：《论传播的空间控制》，《东南传播》2015 年第 11 期。
刘鹏、胡新宇：《试论情绪与态度形成的关系》，《科技创新》2011 年第 18 期。
刘烨等：《认知与情绪的交互作用》，《科学通报》2009 年第 18 期。
刘于思、亓力：《在风险与利益间传达不确定性：科学事实查验对转基因食品议题信息误解的影响》，《新闻与传播研究》2017 年第 7 期。
卢国显：《中西方社会距离的研究综述》，《学海》2005 年第 5 期。
陆玮、唐炎钊等：《核电的公众接受性诊断及对策研究—— 广东核电公众接受性实证研究》，《科技进步与对策》2003 年第 9 期。
马凌：《新闻传媒在风险社会中的功能定位》，《新闻与传播研究》2007 年第 10 期。
孟建、赵元珂：《媒介融合：粘聚并造就新型的媒介化社会》，《国际新闻界》2006 年第 7 期。
潘忠党、於红梅：《阈限性与城市空间的潜能——一个重新想象传播的维度》，《开放时代》2015 年第 3 期。
彭彪：《传播新技术的社会风险及其治理》，博士学位论文，武汉大学，2009 年。
綦甲福：《人际距离的跨文化研究》，博士学位论文，北京外国语大学，2007 年。
钱亚梅：《风险社会的责任担当问题》，博士学位论文，复旦大学，2008 年。
秦志希、夏冠英：《当代中国媒介风险报道透视》，《武汉大学学报》（人文科学版）2006 年第 4 期。

青连斌：《阶层：社会学的研究与界说》，《学习时报》2006 年 2 月 13 日第 6 版。
全燕：《基于风险社会放大框架的大众媒介研究》，博士学位论文，华中科技大学，2013 年。
全燕、申凡：《媒介化生存下“风险社会”的重构与反思》，《国际新闻界》2011 年第 8 期。
佘升翔、马超群等：《环境风险沟通的心理距离模型》，《系统工程》2012 年第 9 期。
史安斌：《化危为机：风险社会中的危机传播》，《绿叶》2009 年第 8 期。
孙玮：《多重视角中的媒介分层现象》，《新闻大学》2002 年第 9 期。
孙玮：《可沟通城市指标体系建构：基于上海的研究》，《新闻与传播研究》2015 年第 7 期。
唐士哲：《重构媒介？“中介”与“媒介化”概念爬梳》，《新闻学研究》2014 年第 10 期。
涂一荣、魏来：《“邻避”研究的概念谱系与理论逻辑》，《社会主义研究》2017 年第 2 期。
庹继光：《风险社会中的传媒监测功能及边界剖析》，《西南民族大学学报》（人文社会科学版）2008 年第 7 期。
庹继光：《拟态环境下的“媒介化风险”及其预防》，《新闻知识》2008 年第 2 期。
王斌：《从技术逻辑到实践逻辑：媒介演化的空间历程与媒介研究的空间转向》，《新闻与传播研究》2011 年第 3 期。
王启富、史斌：《社会距离理论之概念及其它》，《晋阳学刊》2010 年第 1 期。
吴俊生：《大众传媒危机预警的困境及对策研究》，硕士学位论文，河北大学，2010 年。
武鸿鸣：《微信时代下的社会风险传播转向》，《长安大学学报》（社会科学版）2015 年第 3 期。
肖荣春：《新媒体语境下传播活动的“空间转向”》，《国际新闻界》2014 年第 2 期。
谢晓非、谢冬梅等：《SARS 危机中公众理性特征初探》，《管理评论》

2003 年第 4 期。
谢晓非、胡天翊等：《期望差异：危机中的风险沟通障碍》，《心理科学进展》2013 年第 5 期。
谢晓非、李洁等：《怎样会让我们感觉更危险——风险沟通渠道分析》，《心理学报》2008 年第 4 期。
谢晓非、王惠等：《SARS 危机中以受众为中心的风险沟通分析》，《应用心理学》2005 年第 2 期。
谢晓非、徐连仓：《公众在风险认知中的偏差》，《心理学动态》1996 年第 2 期。
谢晓非、郑蕊：《风险沟通与公众理性》，《心理科学进展》2003 年第 4 期。
谢晓非、郑蕊等：《SARS 中的心理恐慌现象分析》，《北京大学学报》（自然科学版）2005 年第 7 期。
邢虹文：《受众的社会分化与社会认同重构》，博士学位论文，上海大学，2011 年。
熊继、刘一波等：《食品安全事件心理表征初探》，《北京大学学报》（自然科学版）2011 年第 1 期。
徐来、蔡凤娟：《受众分层视角下的图书受众与图书出版研究》，《出版科学》2009 年第 6 期。
徐敏、方谨、何春辉：《都市受众媒介接触情况的分层研究》，《新闻实践》2003 年第 12 期。
阎佳畅：《受众分层参与——一种社会学的媒介受众分析》，《广西民族大学学报》2009 年第 6 期。
杨槿：《“邻避主义”的特征及影响因素研究——以番禺垃圾焚烧发电厂为例》，《世界地理研究》2013 年第 1 期。
袁燕：《传播学研究的空间想象力》，《新闻与传播研究》2006 年第 1 期。
曾繁旭、戴佳：《中国式风险传播：语境、脉络与问题》，《西南民族大学学报》（人文社会科学版）2015 年第 4 期。
曾繁旭、戴佳等：《风险行业的公众沟通与信任建设：以中广核为例》，《中国地质大学学报》2015 年第 1 期。
曾繁旭、戴佳等：《技术风险 VS 感知风险：传播过程与风险的社会放大》，《现代传播》2015 年第 3 期。

曾来海：《大众传媒风险传播的失误与防范》，《新闻知识》2012 年第 3 期。

张洁、张涛甫：《美国风险沟通研究：学术革命、核心命题及其关键因素》，《国际新闻界》2009 年第 9 期。

赵延东：《解读“风险社会”理论》，《自然辩证法研究》2007 年第 6 期。

周桂田：《争议性科技之风险沟通——以基因改造工程为思考点》，《生物科技与法律研究通讯》2005 年第 18 期。

朱田凤：《场域视野下的风险传播与论争——以厦门 PX 事件为例》，《新闻知识》2016 年第 5 期。

祝帼豪、张积家等：《解释水平理论视角下的心理距离》，《社会心理科学》2012 年第 7 期。

英文专著

Allan, Stuar, *Media, Risk, and Science*, Peking University Press, 2007.

Beck, U., *Risk Society: Towards a New Modernity*, Trans. M. Ritter. London: Sage, 1992.

Beck, U., *Ecological Politics in an Age of Risk*, Cambridge: Polity, 1995.

ChasCritcher, *Moral Panics and the Media*, Peking University Press, 2006.

Douglas, M., *Purity and Danger: An Analysis of the Concepts of Pullution and Taboo*, London: Routledge, 1966.

Douglas, M. & Wildavsky, A., *Risk and Culture*, University of California Press, 1982.

Douglas, M., *Risk Acceptability According to the Social Sciences*, London: Russell Sage Foundation, 1985.

Forgas J, ed., *Affect in Social Thinking and Behavior*, New York and Hove: Psychology Press, 2006.

Karen Ross, *Virginia Nightingale*, *Media and Audiences*, *New Perspectives*, Peking University Press, 2006.

Lazarus R. S. & Folkman S., *Stress*, *Appraisal and Coping*, New York: Springer, 1984.

Lisa Taylor, Andrew Willis, *Media Studies: Texts, Institutions, and Audiences*, *Peking University Press*, 2004.

Manthoupe, J. , "Risk Assessment", in M. Davies (ed.), *The Blackwell E cyclopaedia of Social Work*, Oxford: Blackwell, 2000.

Nowotny, H. , Scott, P. , & Gibbons, M. , *Re-thinking Science: Mode 2 in Societal Context. Knowledge Creation, Diffusion and Use in Innovation Networks and Knowledge Clusters*, Greenwood Publishing Group, Westport, 2005.

Peter M. Sandman, *Strategies for Effective Risk Communication*, American Industrial Hygiene Association Press, 2012.

Rabe Barry, *Beyond NIMBY: Hazardous Waste Siting in Canada and the United States*, Washington, D. C: Brookings, 1994.

Robert Ezra Park, *Race and Culture*, NewYork: Published by Free Press, 1950.

Sandman P. M. , *Responding to Community Outrage: Strategies for Effective Risk Communication*, New York: America Industrial Hygiene Association, 1993.

Tulloch, J and Lupton, D. , *Risk and Everyday Life*, London: Sage, 2003.

Clementini E, PD Felice, Hernandez, "Qualitative Representation of Positional Information", *Artificial Intelligence*, No. 2, 1997.

Cooter, R. & Pumfrey, S. , "Separate Spheres and Public Places: Reflections on the History of Science Popularization and Science in Popular Culture", *History of Science*, 1994.

Couldry, N. , "Mediatization or Mediation? Alternative Understandings of the Emergent Space of Digital Storytelling", *New Media & Society*, No. 3, 2008.

Covello, V. T. , Slovic P. & Von Winterfeldt, D. , "Risk Communication: A Review of Literature", *Risk Abstracts*, No. 4, 1986.

Foster, P. and Wilding, P. , "Whither Welfare Professionalism?" *Social Policy and Administration*, No. 2, 2000.

Hornig, S. , "Reading Risk: Public Response to Print Media Accounts of Technological Risk", *Public Understanding of Science*, 1993.

Kitzinger, Jenny & Reilly, J. , "The Rise and Fall of Risk Reporting: Media Coverage of Human Genetics Research, False Memory Syndrome and Mad

Cow Disease", *European Journal of Communication*, No. 12, 1997.

Kleinman, D. L. , Delborne, J. A. &Anderson, A. A. , "Engaging Citizens: the High Cost of Citizen Participation in High Technology", *Public Understanding of Science*, 2010.

Lazarus R. S. , "Cognition and Motivation in Emotion", *American Psychologist*, No. 4, 1991.

Liberman N, Trope Y, Stephan E. , "Psychological Distance", *Social Psychology: Handbook of Basic Principles*, No. 2, 2007.

Morell D. , "Siting and the Politics of Equity", *Hazardous Waste*, No. 4, 1984.

PaulSlovic, "Perception of Risk", *Science*, *New Series*, Vol. 236, 1987.

Shi, Han & Zhang, Lei. , "China's Environmental Governance of Rapid Industrialization", *Environmental Politics*, No. 2, 2006.

Taylor, S. E. , "Asymmetrical Effects of Positive and Negative Events: the Mobilization-minimization Hypothesis", *Psychological Bulletin*, No. 1, 1991.

Trope, Y. & Liberman, N. , "Construal Level Theory and Consumer Behavior", *Psychological Review*, No. 2, 2010.

Wiegman O, Gutteling J M, Boer H. , "Verification of Information Through Direct Experiences With an Industrial Hazard", *Basic & Applied Social Psychology*, No. 3, 1991.

附　录

风险传播与受众分层研究调查问卷

亲爱的市民：

您好！我是长安大学的一名教师，这是一份关于“风险传播与受众分层研究”的调查问卷，冒昧地邀请您帮助我完成这一调查。

在风险频发的现代社会里，我们期望了解您对风险的认识、态度，并期望通过我们的调查了解您对风险信息需求的内容和特点，以帮助我们更好地认知、应对风险。

我郑重承诺：该调查仅仅用于科学研究，我绝对不会泄露您的任何个人信息和问卷信息！感谢您的支持、参与和帮助！

1. 您的性别？
   □ 男
   □ 女
2. 年龄：
   □ 18 岁以下
   □ 18—25 岁
   □ 26—35 岁
   □ 36—55 岁
   □ 56 岁以上
3. 学历：
   □ 初中学历及以下
   □ 高中及各类中专、技校等
   □ 大学专科及本科

□ 硕士

□ 博士及以上

4. 职业：

□ 政府工作人员

□ 科研院所及高校教师

□ 非科研类其他事业单位职员

□ 媒体从业者

□ 企业职员

□ 学生

□ 自由职业者

□ 无业居家

□ 其他（请填写）__________

5. 现居住地（省/市/区县）：

____

6. 家乡所在地（省/市/区县）

____

7. 月收入状况：

□ 3000 元以下

□ 3001—6000 元

□ 6001—10000 元

□ 10001—15000 元

□15001 元及以上

8. 您日常了解新闻的渠道有（可复选）

□ 报纸

□ 电视

□ 门户网站及论坛

□ 广播

□ 杂志

□ 新闻 App

□ 微博

□ 微信

□ 人际传播

□ 其他（请填写）____________

9. 您每天接触时间最长的媒体是（单选）：

□ 报纸

□ 电视

□ 门户网站及论坛

□ 广播

□ 杂志

□ 新闻 App

□ 微博

□ 微信

□ 人际传播

□ 其他（请填写）____________

10. 您每天关注新闻的时间：

□ 1 小时以下

□ 1—2 小时

□ 2—4 小时

□ 4 小时以上

11. 您平日里关注风险新闻吗？例如核项目、雾霾天气、转基因食品、PX 石化项目、疯牛病等。

□ 非常关注

□ 比较关注

□ 关注

□ 不太关注

□ 不关注

12. 以下项目中，您对哪些风险话题较为关注（可复选）？

□ 核项目

□ 雾霾天气

□ 转基因食品

□ PX 石化项目

□ 疯牛病

☐ 其他（请填写）____________

13. 您会主动寻找以下哪些风险话题的新闻和信息（可复选）?

☐ 核项目

☐ 雾霾天气

☐ 转基因食品

☐ PX 石化项目

☐ 疯牛病

☐ 其他（请填写）____________

☐ 不主动寻找

14. 对于风险议题的报道，您最相信的媒介是（可复选）?

☐ 报纸

☐ 电视

☐ 门户网站及论坛

☐ 广播

☐ 杂志

☐ 新闻 App

☐ 微博

☐ 微信

☐ 其他（请填写）____________

15. 当风险事件或风险新闻出现时，您更为信任的消息源是（可复选）?

☐ 政府公告及政府信任的专家

☐ 科学家及科研专家

☐ 非专家的公众人物及知名人士

☐ 门户网站及论坛

☐ 微信及朋友圈

☐ 微博

☐ 亲朋口头传播

☐ 其他（请填写）____________

16. 如果您认为风险事件与您关系不大，您会关注吗？例如核项目、雾霾天气、转基因食品、PX 石化项目、疯牛病等。

□ 非常关注

□ 比较关注

□ 关注

□ 不太关注

□不关注

17. 您会关注以下哪些区域空间的风险事件（可复选）？

□ 本市风险事件

□ 省内地市风险事件

□ 外省市风险事件

□ 国外风险事件

18. 如果您并不了解转基因食品、PX 项目、雾霾等得科学原理及安全性等，您会如何选择？

□ 无所谓，不关心

□ 了解大概即可

□ 了解一些专业知识

□ 通过各类方式学习专业知识，并依此指导日常生活

19. 当风险议题有强烈争议性时，你会如何选择？

□ 只相信政府和官方的意见和主张

□ 有点矛盾，但更相信政府和官方的意见和主张

□ 兼听则明，听取各种意见，自己判断

□ 有点矛盾，但更相信非政府和官方的意见和主张

□ 只相信非政府和官方的意见和主张，并会通过各种方式参与其中（如抗议、发帖等）

20. 您认为 PX 项目安全可靠吗？

□ 安全

□ 不安全

□ 不知道

□ 无所谓

21. 您会对 PX 项目或其他化工项目感到恐惧吗？

□ 不会

□ 有点儿

□ 不知道

□ 很恐惧

□ 如果距离很远就不恐惧

22. 您对 PX 项目或其他核项目、化工项目感到恐惧的原因是?

□ 对项目的安全性不清楚

□ 项目的后果都是很危险的

□ 政府宣传的项目安全不可信

□ 有媒体认为项目很危险

□ 周围人都说核等化工项目很危险

23. 当 PX 项目或其他核项目、化工项目与您距离多远时，您的恐惧感会下降或消失?

□ 无论多远都不会恐惧

□ 只要不在您生活的市区之内

□ 只要不在您生活的省区之内

□ 无论多远都会感到恐惧

24. 您认为转基因食品安全吗?

□ 安全

□ 不安全

□ 不知道

□ 无所谓

25. 您会对转基因食品的存在感到不安吗?

□ 不会

□ 有点儿

□ 不知道

□ 很不安

26. 您对转基因食品的存在感到不安的原因是?

□ 对转基因食品的安全性不清楚

□ 转基因食品危害身体健康

□ 对政府宣传的“转基因食品安全”不信任

□ 媒体关于转基因食品安全性的报道有争议

□ 其他消息传播认为转基因食品并不安全

27. 您认为雾霾天气对您的健康和生活影响大吗？

☐ 大

☐ 不大

☐ 不知道

☐ 无所谓

28. 您会对雾霾天气的出现感到不安吗？

☐ 不会

☐ 有点儿

☐ 不知道

☐ 很不安

29. 您对雾霾天气的存在感到不安的原因是？

☐ 对雾霾天气的危害性不清楚

☐ 雾霾天气严重危害健康

☐ 对政府治理雾霾信任不足

☐ 媒体关于雾霾天气的报道频率较高而令人担忧

30. 您会因为新闻报道中的政府主张而改变对风险议题的态度和看法吗？

☐ 会

☐ 不会

☐ 不一定

31. 当看到或遭遇风险议题时，或看到相关的风险新闻报道时，您会告知您周边的人转发、传播吗？

☐ 会

☐ 不会

☐ 不一定

32. 当看到或遭遇风险事件时，您会选择适当方式表达自己的意见和建议吗？

☐ 会

☐ 观望：看看其他人的反应

☐ 不会

☐ 不知道

33. 如果可以表达自己的意见和建议，您希望通过哪种渠道（可复选）?

☐ 人际传播：与亲朋、同事等交流

☐ 微信朋友圈

☐ 微博、博客或论坛发帖

☐ 通过报纸、电视台或广播等公共媒介表达（如给报社、电视台或广播台打电话、发邮件、网上留言等）

34. 您回答的是电子问卷还是纸质问卷：

☐ 纸质问卷

☐ 电子问卷

后　记

当我在键盘上敲下最后一个字符，做了一个深深的呼吸。选择风险传播场域中的受众研究，到如今已经坚持了八年之久。这八年来，每一次犹豫徘徊，每一次脑海涤荡，幸运地总有恩师同人的激励，有挚友家人的支持，让我一路走来，最终完成这部书稿。

关于风险传播与受众之间的关系研究，最早源于对风险社会的关注。八年前，乌尔里希·贝克关于风险社会的研究被广泛关注。但是，作为一名新闻传播学研究者，作为一名社会媒介化发展的关注者，依然会深深思考：伴随着科学技术进步而产生的风险社会，在未来将如何更深刻地与人互动？风险社会与媒介化社会的关系是什么？风险社会、媒介与人的关系又是什么？现代社会中的人如何在风险的媒介化社会中更好地生存与互动？这几个问题的思考是本书研究的逻辑起点，也是我在整个研究中苦苦追寻的终极目标。所幸，这些问题都在后期的研究中探究出了一些规律性的线索，最后浓缩在这本书的框架和具体研究内容中。

回望来路，感慨万千。看着完结的书稿，内心最想表达的还是感谢。感谢我的博导刘洁教授，在我毕业后的时光中，仍然在学术上不断指点和支援；感谢我一起奋斗的同窗好友，他们在我遇到困难时，总是不断肯定和鼓励，让我有勇气继续前行；感谢我的父亲母亲，总是帮我消除后顾之忧，让我安心科研；感谢我的家人，帮我料理好生活中的琐碎，让我安心学习工作。最后，还要感谢中国社会科学出版社的赵丽老师，感谢她在本书的出版过程中给予的所有帮助。

朱田凤

2022 年 7 月 20 日